TRAITÉ DES USURES

CONTRE CERTAINS ZELEZ qui font courre des Ecrits sur cette Matiere, qui ne servent qu'à mettre les consciences en scrupule.

Par Messire BEZIAN ARROY *Docteur de Sorbonne, & Theologal de l'Eglise de Lyon.*

A LYON,
Chez PIERRE GUILLIMIN, ruë Belle-Cordiere.

M. DC. LXXIV.
Avec Approbation & Permission.

A MESSIEURS DU CONSULAT.

ESSIEURS,

Un Imprimeur de cette Ville me preſenta il y a quelque temps un Livre traitant des Uſures pour l'approuver, je le lû, & l'ayant trouvé deſtitué de la principale cauſe pour laquelle tous les Auteurs s'appliquent à donner des livres au public, je luy refuſay mon approbation : Ce Traité des Uſures condamnoit tous les profits qu'on pouvoit tirer de l'argent prêté, sans autre raison que l'authorité du grand nombre de ceux qui en avoient écrit, & qui les condamnoient; mais il taisoit la malice de l'Usure, pour laquelle la même Usure étoit condamnable, contre la sagesse de tous les Ecrivains, lesquels décriant ou condamnant quelque mauvaise action font voir la malice de cette action même pour la rendre condamnable: comme aussi lors qu'ils veulent rendre recommandable une action vertueuse & bonne, ils en décrivent la vertu & la justice, si bien que sans cela le nombre de leurs Auteurs n'est que comme un compte écrit sur le papier pour servir de memoire. On sçait bien que tous

les

les pechez ſont coupables, mais les uns le ſont plus que les autres ; l'ire par exemple eſt un peché mortel, mais il n'eſt pas ſi grief que l'homicide, parce qu'on ſe peut mettre en colere ſans peché, & on ne peut pas tuër ſans crime puniſſable. Dieu a defendu l'Uſure aux Juifs pour ſon peuple au *Deuter.* 23. mais il leur permet au même lieu de la pratiquer pour les étrangers. L'Uſure donc eſt criminelle, puiſque Dieu la defend pour un ſujet, & elle n'eſt point coupable, puis qu'il la permet en un autre : il faut pourtant bien examiner en quoy l'Uſure eſt damnable & en quoy elle ne l'eſt pas, il falloit par conſequent que cét Auteur fit voir en quoy l'Usure est vicieuse, en quoy elle est damnable, comme criminelle, & ne l'a pas fait. Je croy donc avoir raison de ne pas approuver son livre. L'Usure est vicieuse, maligne & damnable pour l'ame de celuy qui la commet, comme la peste est maligne au pays qui en est infecté : car un Gentilhomme ou autre ayant de l'argent en bource, aux champs ou au village, & prêtant à un Laboureur son voisin ou à quelqu'autre residant au tour de sa terre, sujet ou non sujet, avec dessein d'avoir leurs fonds qui le joûtent & les rendre enfin pauvres & miserables aprés avoir leurs biens par interests sur interests, profits sur profits; certainement cette Usure est damnable

nable, voire deteſtable & puniſſable, qui eſt l'opinion de la ſainte Eſcriture, de tous les Peres, des Philoſophes & autres Auteurs profanes : Or ce livre là n'a pas ainſi parlé, mais taiſant ce mal de l'Uſure, il a voulu ſeulement mettre en ſcrupule tous ceux qui negocient dans vôtre Ville de Lyon, ſous pretexte de cette Uſure condamnée, je ne diray pas pour ruiner le Negoce, mais par un zele indiſcret, & par une demangeaiſon d'écrire pour ſe faire renommer faiſeur de livres.

Je ne penſe pourtant pas que l'Auteur de ce Livre ſoit tombé dans ce defaut ; car il dit qu'il ne l'a pas composé, que c'eſt un poſthume d'un hom-

me

me de probité & d'eminente vertu, dont il ne peut assez priser la doctrine : Mais il faut qu'il advoüe qu'il est simple, qu'il n'entend pas cette Matiere, puis qu'il veut mettre en estime un homme decedé, qui a peut-estre laissé ce Livre que pour se rendre immortel, & partant qu'il avoit conceu, lors qu'il vivoit, la vanité de se mettre en estime.

Et parce que, Messieurs, j'ay l'honneur d'estre Docteur en Theologie de la Faculté de Paris, que le temps m'en donne le titre de Doyen, que je dois avoir acquis quelque connoissance de cette matiere : il y a cinquante ans que je suis habitant de vôtre Ville, pendant lequel temps j'ay veu la façon du negoce qu'on y pratique, & qu'étant Theologal de ſon Eſgliſe, je dois & puis parler du prêt de l'argent duquel on prend du profit : J'ay crû que je devois faire cét Ouvrage pour empêcher le ſcrupule, & vous le preſenter comme aux Tuteurs de la Police de la Ville ſous l'autorité du Roy & de ſes Gouverneurs & Lieutenans de ſa Majeſté, puiſque vous avez en vôtre Corps le tribunal de la conſervation des loix du Negoce, un Prevoſt qui en porte le nom pour y ſurveiller, accompagné des Eſchevins ainſi nommez, comme choiſi chez vous entre les plus ſages, pour travailler à l'entretien de ce grand ouvrage de la Police de vôtre Ville. Je vous ſupplie l'avoir agreable, & de le recevoir comme venant de la main de,

MESSIEURS,

Vôtre tres-humble & tres-obeïſſant ſerviteur,
BEZIAN ARROY.

AU LECTEUR.

Je me trouve espionné en cét Ouvrage de deux sortes d'Esprits, les uns sont zelez, les autres sont subtils; les Zelez disent qu'ils agissent par l'authorité de tous les Auteurs qui ont parlé de l'Usure, ausquels je répond, qu'il n'y en a pas un de ceux-là qui fasse voir la cause ou le mal pour lequel ils condamnent l'Usure. Les Subtils disent que ma doctrine n'est pas solide, & il est vray qu'elle ne l'est pas en plusieurs endroits, où je fais des digressions pour donner du plaisir au Lecteur, & luy rendre agreables mes Ecrits, afin de le rendre attentif lisant ce que je croy estre solide. Mais les ren-

dant agreables, je ne pallie point, c'eſt à dire je ne trompe point par des Contracts frauduleux, & par des aſſociations illegitimes ; & pour répondre aux uns & aux autres, je ſoûtiens comme choſe ſolide & conſtante, que ſi le Prêt à profit n'eſt nuiſible à celuy à qui on prête, le rendant miſerable, il n'eſt point uſuraire ; comme ceux qui ſçavent lire peuvent apprendre de la ſainte Eſcriture, de la doctrine des Peres de l'Egliſe, & même des Philoſophes infideles que je cite.

APPRO

APPROBATIONS des Docteurs.

CE *Traité de l'Vſure*, compoſé par Meſſire BEZIAN ARROY Docteur de Sorbonne, Theologal de l'Egliſe de Lyon, & Prieur de ſainte Anne de l'Iſle Barbe, ne contient rien que de digne de ſon Auteur ; & par conſequent qui puiſſe eſtre contraire à la foy & aux bonnes mœurs. C'eſt le témoignage que j'en donne à Lyon dans le Convent des Freres Preſcheurs, dit Noſtre Dame de Confort, le 28. Juin 1674.

Fr. PAUL LANDRY de l'Ordre des FF. Preſcheurs.

J'Ay lû le *Traité de l'Vſure*, compoſé par le Sieur BEZIAN ARROY Docteur de Sorbonne, Theologal de l'Egliſe de Lyon, dans lequel je n'ay trouvé qu'une tres-ſaine doctrine, conforme à la Foy & aux bonnes mœurs. En foy de quoy j'ay ſigné en

noſtre

nostre Convent des Carmes de Lyon, le 1. Juillet 1674.

Fr. PAUL LOMBARD
Prieur des Carmes de Lyon,
& Docteur de Paris.

NOus sommes du même sentiment.

LOMPIN.
TILLEMENT.

PERMISSION.

VEu le *Traité des Usures* composé par Messire BEZIAN ARROY Docteur de Sorbonne, & Theologal de l'Eglise de Lyon, je consens pour le Roy, que ledit Livre soit imprimé par l'Imprimeur qu'il plaira audit Sieur ARROY de choisir, & que les defences ordinaires luy soient acccordées. A Lyon le 26. Juin 1674. VAGINAY.

SOit fait suivant les Conclusions du Procureur du Roy. A Lyon les an & jour que dessus.

DEMEAUX.

TRAITE'

TRAITÉ DES USURES.

CHAPITRE PREMIER.

Contenant le dessein de l'Auteur, & l'explication du mot Latin fœnerari, *& du nom* mutuum.

MON dessein n'est pas d'excuser les Usures, car le seul mot me scandalize ; mais je veux faire voir leur malice, ce qui fait qu'elles sont damnables, illegitimes & condamnées par les Peres & Philoſophes Chrétiens, & par les Payens & Infideles; & parce que j'ay veu des perſonnes qui ont écrit & preſché de cette matiere dans Lyon, & mis en ſcrupule ceux qui y negocient, je me ſuis propoſé de faire voir que ces Negocians ne ſont pas coupables; mais j'ay crû qu'auparavant d'entrer dans le détail de mon deſſein, je devois donner l'explication du mot *fœnerari* qui ſignifie donner à Uſure, & du mot *mutuum* qui ſignifie Prêt.

Le mot donc *fœnerari*, à mon avis, vient du Latin *fœnum*: Car tout ainſi que les prairies portent du foin en abondance ſans qu'on les cultive, (comme on fait les terres labourables & les vignes) & ſans dépenſe; ainſi l'argent monnoyé apporte l'abondance des richeſſes ſans travail ny aucune dépenſe, differente du fer que manie le Maréchal & le Serrurier, ou les autres Artiſans qui employent du travail & de dépenſe pour leurs ouvrages, & pour cela les Italiens: par la delicateſſe de leur langue, ont fait un agreable prover-

be

be ſur la diverſe acquiſition des fonds, diſant, *compra campi, quanti ne mangi : vinee, quante ne beve. boſqui, & prati quanti ne vedi*, c'eſt à dire, achepte des terres labourables, pource qu'il te faut à manger, & des vignes pour ton boire ; mais pour bois & pour prés autant que tu en verras, parce que ces fonds là ſont de grands revenus ſans travail & ſans dépenſe. Et pour le mot *mutuum*, il ſignifie preſter, & mutuellement recouvrer, bailler & recevoir par reciproque; enfin traiter reciproquement & confier ſon bien à celuy à qui on prête pour en eſtre rembourcé.

Par cette explication nous voyons que l'Uſure conſiſte en l'argent donné qui fructifie abondamment ſans dépenſe & ſans travail, & que le Prêt n'eſt autre choſe que donner de l'argent, ou meubles en Prêt ; neanmoins que ce Prêter n'eſt pas donner, parce qu'il faut rendre ce qu'on a preſté : Or le mot *fœnerari* ſe trouve en divers endroits de la ſainte Ecriture ſignifiant donner à uſure, où il eſt pris en bonne part, comme en l'*Eccleſ.* 39. Celui qui fait miſericorde, prête à uſure à ſon prochain au temps de ſa neceſſité, & toy qui reçois, rend fidellement à ton prochain en ſon temps, & tu trouveras toûjours ce qui te ſera neceſſaire. Et en *S. Luc chap.* 6. JESUS-CHRIST inſtruiſant ſes Diſciples des moyens qu'ils devoient tenir pour arriver à la haute perfection du Chriſtianiſme, il leur parle ainſi, *peccatores peccatoribus fœnerantur, ut recipiant æqualia; verumtamen diligite inimicos veſtros, benefacite & mutuum date nihil inde ſperantes*, c'eſt à dire, les pecheurs donnent à uſure aux pecheurs pour recevoir autant qu'ils donnent; mais vous, aimez vos ennemis, faites leur du bien; prêtez leur ſans attendre aucun rembourcement: dans leſquelles paroles on voit bien que l'Uſure eſt legitime, puiſque ceux qui ont donné peuvent legitimement recevoir ce qu'ils ont donné; mais pour vne plus grande perfection, il faut bien faire à ſes ennemis, leur prêter ſans eſperance de rembourcement; il s'enſuit par con consequent que l'Usure selon ces passages de la sainte Escriture n'est pas illegitime, injuste ny damnable, & partant qu'il y a quelques Usures justes, ou bien que le mot *fœnerari* ne signifie pas toûjours Usure. Quoy qu'il en soit, venons à examiner s'il y a Usure à prester de l'argent à profit, s'il y en a d'excusables, & de damnables; pourquoy elle est damnable, & apres nous verrons qu'en disent la Ste Ecriture, les Peres & les Auteurs profanes, & mõtrerons qu'il est vray qu'elle n'est point pratiquée dans Lyon.

Disons donc, un Marchand est pressé de prester son argent à un autre qui en a besoin, luy preste à condition qu'il luy en donne du profit, pour subsister ne le pouvant autrement, parce qu'il ne pourroit plus travailler en son negoce: l'ayant donné, ce Prêt est legitime, puisque la recompense ou le profit est juste; donc prêter l'argent à profit est juste & legitime en ce cas. Et partant cela est faux que Dieu & les hommes condamnent de prêter l'argent à profit.

Vn Gentilhomme a 40000. livres dans son coffre qu'il garde pour achepter un Office, ou marier sa fille: il est en traité de faire l'un ou l'autre, en l'un & en l'autre il y trouve son avantage, & ne peut se dessaisir de son argent sans en perdre l'occasion; Vn Marchand neanmoins ou quelqu'autre personne se presente, qui ayant besoin de l'argent que ce Gentilhomme a, il le lui preste par commiseration, à la charge de lui en payer le profit pour le dedommagement de l'occasion qu'il perd d'avoir un Office ou de marier sa fille: C'est un Prêt legitime.

J'ay voulu expliquer cette façon de Prêt en retirant du profit par ces exemples, afin de montrer que ceux qui disent que l'Vsure est condamnable, se trompent fort lourdement de ne pas bien distinguer & bien établir l'Vsure de laquelle ils parlent: Et partant

Nous concluons que l'Vsure en tant qu'Vsure n'est pas ny condamnée ny damnable, & qu'elle n'est point damnable si elle ne cause quelque

que ruine ou quelque dommage à celui à qui on prête. Dommage ou ruine, qui eſt l'ame & la nature de l'Vſure condamnée & condamnable. En voicy deux exemples.

Vn homme riche reſidant au village a de l'argent monnoyé, il ſe trouve qu'un de ſes cohabitans eſt preſſé d'argent pour acquiter ſes debtes, il a recours à cét homme riche qui lui preſte moyennant profit; mais c'eſt à condition, ou par la pensée qu'il a qu il aura un fond de ce païſan qui l'accommode, & fait enfin tant qu'il rend ſes debiteurs pauvres & les ruine. Certainement c'eſt une Vſure damnable, c'eſt un larrecin, c'eſt une eſpece d'homicide.

Vn autre dans le même village ayãt quantité de bons fonds, où il fait des recoltes abondantes de froment, un laboureur lui en demande une aſnée en Prêt au temps de ſes ſemailles: il lui preſte moyennant l'obligation que le laboureur fait de lui payer cette aſnée de blé au mois de May, de l'année prochaine, ſçachant que c'eſt le temps auquel le blé eſt plus cher : Le terme du payement eſtant arrivé, le Creancier lui proroge ledit payement juſques au mois d'Aouſt prochain, qui eſt le temps auquel le blé eſt à bon marché : le mois d'Aouſt eſtant venu il ſe trouve que le laboureur qui n'a point d'argent prie ſon Creancier qu'il prenne du blé pour eſtre payé, mais à cauſe que le blé eſt à vil prix, il lui en faut deux aſnées qu'il laiſſe en main au Debiteur pour lui payer au mois de May comme deſſus ; & ainſi allant de terme en terme, de changement de blé en argent & d'argent en blé, il ſe trouvera dans quelque temps que le pauvre Laboureur devra dix à douze aſnée de blé à ſon Creancier, pour une ſeule qu'il a receu, qui eſt l'Vſure la plus diabolique qui ſoit faite.

Il eſt vray que pareilles Vſures ſont damnables, mais on ne les voit pas pratiquer dans Lyon.

CHAPITRE II.

Des lieux de la ſainte Eſcriture, où il eſt parlé de l'Vſure, & ce qu'en diſent tous les Auteurs.

IL y a pluſieurs lieux de la ſainte Eſcriture qui parlent de l'Vſure, mais il n'y en a que deux qui montrent clairement en quoy elle conſiſte. 1. En l'*Exod.* 22. où il eſt dit: Si tu preſte de l'argent à mon pauvre peuple qui habite avec toy, tu ne le traiteras pas comme exacteur, & ne l'oppreſſeras pas par Vſure: Où il faut remarquer que l'Vſure eſt damnable lorſque celui qui preſte opprime le debiteur qui reſide avec lui. Et au *Deuter.* 23. Tu ne prêteras pas de l'argent à uſure à ton frere, mais tu le peus à l'étranger, car pour ton frere tu l'aſſiſteras en ce qu'il aura beſoin: Où il appert que l'Vſure eſt defenduë pour les freres, à cauſe de la fraternité, & pour le pauvre peuple qui habite avec celuy qui prête, non pas pour l'étranger : donc l'Vsure est damnable lors que l'argent est presté avec oppression du debiteur, lors que le debiteur est pauvre, qu'il est cohabitant & frere du creancier, & non pas lors qu'elle est pratiquée pour l'étranger ; & partant ceux-là ont mal écrit enseignant qu'on ne peut pas prêter avec Vsure aux Juifs par exemple ; & leur doctrine est encor fausse, disant qu'on ne peut pas prester de l'argent & en tirer du profit de ceux qui sont riches, & qui en ont besoin pour l'avancement de leurs affaires.

Pource qui est des Peres qui en ont écrit, voicy *S. Augustin à Maced.* Que diray-je des Vsures, lesquelles les loix & les Juges ordonnent de payer ? Est-ce une violence plus cruelle d'ôter les biens à un riche que de tuër le pauvre par l'Vsure ? S. Ambroise *lib. 3. de officiis* contre ceux qui desirent la cherté de vivres pour mieux vendre leurs danrées : Tu pleure la fertilité de la saison afin que

que les pauvres puiſſent pâtir par la ſterilité : au même *lib. de bono mortis*, Tu preſte à uſure à celuy à qui tu veux nuire. Saint Chriſoſtome *ſur S. Mathieu* ; Le venin de l'aſpic penetre tout le corps, & faiſant dormir donne la mort ; ainſi l'Vſure conſomme le bien de celuy chez qui elle entre. Platon *en ſes Morales* ; Comme le feu conſomme tout allumé dans une maiſon, ainſi l'Vſure ruine tout. Voyons le Poëte.

Quod vitæ ſectabor iter ?
Si turpia lucra
Fœneris, & velox inopes Vſura trucidat.

Je ne ſçay quel chemin je dois tenir vivant
De peur des Uſuriers,
De qui les ſales gains un chacun vont tuant.

Je conclus partant que l'Vſure qui eſt ſi malitieuſe de ruiner les pauvres, ou de mettre ceux qui ont du bien à la pauvreté, à l'indigence & à la miſere, ne doit pas eſtre ſeulement defenduë par les Caſuiſtes, mais qu'elle doit eſtre rigoureuſement châtiée par les Souverains, declarée infame par toutes les nations, & que les Caſuiſtes ny les Docteurs Moraux, & les Canons n'en ont pas aſſez dit pour la rendre execrable, & que ceux qui prêtent leur argent avec oppreſſion de leurs debiteurs, ſont infames & indignes d'habiter avec les hommes; & s'ils ſont Chétiens, ils doivent eſtre fuis comme excommuniez, & eſtans morts eſtre deterrez & jettez à la voirie, à cauſe de leur excommunication.

Je conclus 2. Que prendre du profit de l'argent qu'on preſte n'eſt pas toûjours Vſure, comme nous avons montré cy-deſſus dans le cas du lucre ceſſant ou du dommage arrivant, parce qu'il faut autrement que le negoce periſſe, qui eſt le nerf & le ſoûtien des Royaumes & des Empires: que les trahiſons, les voleries & les maſſacres s'introduiſent dans les meilleures villes, ſi l'on oſte aux habitans le moyen de vivre & d'avoir du bien pour ſubſiſter; car tous les hommes qui ſont dans une police ce doivent subsister l'un par le moyen de l'autre : comme les parties du corps humain font qu'il soit en parfaite santé, lors qu'elles ont la force de s'entr'assister mutuellement.

Je conclus 3. Que s'il y a des Docteurs lesquels par un mouvement de zele trouvant quelque chose à redire sur les negociations, & accusant les Negociateurs de peché de ce qui n'est pas peché, & sans bien examiner si c'est peché, sont des zelez indiscrets.

Je conclus 4. Que je n'entens pas d'entrer en defense pour ceux qui pallient les mauvaises Vsures, & qui font des Contrats vicieux, comme des déposts, d'association, ou autres qui cachent leur dessein par des façons dissimulées, voire même quand ce qu'ils cachent seroit juste, & je le condamne dis-je comme celuy-là est condamnable qui fait une action bonne, craignant qu'elle soit mauvaise, parce qu'il doit rechercher des éclaircissemens pour voir si l'action est mauuaise pour l'éviter, ce que ne faisant pas il est méchant de faire

une

une action bonne qu'il craint eſtre mauvaiſe.

Je conclus enfin que l'Vſure malicieuſe eſt damnable, qui fait que la ſainte Eſcriture la defend, que les Peres, les Caſuiſtes, les Docteurs Chreſtiens & les profanes deteſtent avec indignation & horreur, comme nous avons écrit cy-deſſus : mais elle ne ſe pratique pas dans Lyon, il n'y a perſonne qui s'en plaigne, il n'y a debiteur qui diſe qu'il a eſté ruiné pour l'argent qui luy a eſté preſté; les habitans donc de Lyon ne ſont pas coupables de cette méchante & & criminelle Vſure, ny de ſa ſaleté & abomination : & ceux qui font des livres pour faire voir aux Lyonnois que l'Vſure eſt condamnable, ſont de faux & hypocrites zelez, qui veulent troubler les eſprits des Negocians de Lyon, ne connoiſſant pas que l'Vſure damnable y ſoit pratiquée, & s'ils connoiſſent qu'elle s'y commet, ils ſont des perfides ne le declarant pas, & ne peuvent de qu'elle façon qu'ils agiſſent, ſe defendre d'eſtre malicieux ou ignorants.

Voyons

Voyons l'excellence de cette grande Ville, qui ne pourroit pas subsister si elle estoit coupable du peché d'Vsure condamnée.

Chapitre III.

Des fonds qui environnent la ville de Lyon.

JE prend pour ces fonds tant les terres que le eaux, qui sont deux grands fleuves des plus grands & plus considerables qui soient dans l'Europe, le Rhône & la Saone, comme deux mammelles que la nature luy a amené pour l'âlaicter dés sa naissance, deux vivandiers pour l'entretenir tant qu'elle sera : fournit à l'art pour l'embellir comme on la voit, & dequoy negocier pour l'enrichir ; si bien que l'art & la nature ont travaillé à l'envi à faire Lyon la plus belle ville, la mieux scituée, la plus somptueusement bâtie, & la plus marchande qui soit dans tout le reste du monde.

Le

Le terrain qui l'environne, & qui dépend de ſa juriſdiction eſt composé de prairies, de foreſts & vignobles qui luy donnent le plus excellent vin du Royaume, les prez & les forêts où les habitans bâtiſſent des maiſons de plaiſir les plus commodes, & où l'art n'oublie rien pour le contentement de la veüe & pour les promenades, qui peuvent ſervir à la ſanté; les bois accompagnent ces plaiſirs, les terres labourables qui fourniſſent le pain, & leurs maiſons ont des Grangers qui nourriſſent de toutes ſortes de beſtiaux, qui leur rendent tout ce qu'on en peut attendre pour couvrir leurs tables: les jardins & les vergers n'y ſont pas oubliez, qui ont des fruits de toutes les meilleures eſpeces, Printanniers, d'Eſté & de l'Automne, les plus beaux, les meilleurs & les plus curieux; les jardins portent tous les herbages que la terre eſt capable de nourrir; ſoit herbe, racines ou pommes, elle n'a rien de ſteril en tout cela.

Ces deux grands fleuves dont nous venons de parler apportent les reve-

nus

nus qui ſortent de ces terres, en de grands bateaux chargez, & les habitans ont du plaiſir, particulierement ſur la riviere de Saone, d'aller & venir dans de petits bateaux, qu'ils appellent bêches, couvertes de branches vertes pliées en berceaux, ou de tapiſſerie pour ſe defendre de l'injure du temps, venant ou allant en leurs maiſons de plaiſance.

Je diray cecy en paſſant pour une merveille de l'œconomie des Payſans qui labourent les terres au tour de Lyon : tous ſe plaignent qu'ils payent plus de taille que leur bien ne vaut, & vivent neanmoins ſuffiſamment avec leur famille : le mary ayant ſoin de pourvoir au pain & au vin, & au foin pour la nourriture de ſes chevaux, s'il en a pour ſon travail: & la femme portant à vendre à la Ville des œufs, du fromage, du laict, des herbes, des fruits & des fleurs, pourvoit par l'argent qu'elle en retire, à achepter viande, huile, chandelle, ſel, & ce qu'il faut pour le reſte du ménage : ſi bien que le Laboureur

boureur en ce pays icy paye ſes tailles & ſes ſubſides du revenu de ſon bien s'il en a : Et de ſon travail, & de l'induſtrie de ſa femme il ſe nourrit, & cela va ſi bien qu'on ne voit point de pauvres dans les villages que des paſſants & vagabons qui y trouvent l'aumône & le gite.

CHAPITRE IV.

Des parties qui compoſent la ville de Lyon dans l'enceinte de ſes murailles.

ARTICLE PREMIER.

De la premiere partie appellée Iſle.

LYON anciennement eſtoit appellé l'Iſle, à cauſe de ſon circuit qui eſt entre les deux rivieres qui l'environnent, mais on la devoit plûtôt nommer Peninſule, puis qu'elle n'eſtoit entourée que de trois endroits ; il eſt vray neanmoins que l'en l'endroit d'icelle qu'on appelle aujourd huy les Terreaux, estoient autrefois les fossez de ses murailles, n'estant point bâtie sur une élevation ou montagne qui estoit au dessus de ces fossez, & aussi si on eût voulu approfondir lesdits fossez ou terreaux, on eût pû attirer l'eau du Rhône qui luy fait matin, pour l'amener à la riviere de Saone qui luy fait soir, & on eût produit une vraye Isle.

Lyon, donc est composé en partie de cette Peninsule, qui a le Rhône du matin, & la Saone du soir, & l'autre partie consiste en ce que l'on a bâty le long de la riviere de Saone du costé du soir, depuis la Porte qu'on appelle Pierre-en-scize, jusques à celle qu'on nomme S. George. Les maisons qui ont esté bâties dans le plain qui est au pied d'une montagne, estant separées par une ruë droite d'environ un mil de longueur.

La partie de cette ville que nous avons appellé Peninsule a esté augmentée par les bâtimens qui ont esté faits dans la montagne, qui joûtent cét

cét endroit que nous avons nommé les Terreaux : Et l'autre partie qui eſt du coſté de la Saone a eſté auſſi augmentée par des maiſons bâties ſur la montagne, au pied de laquelle elle eſt ſcituée ; ſi bien que par ce moyen cette belle Ville a deux montagnes dans ſes murailles, leſquelles eſtant bien fortifiées ſelon l'art, eſt renduë une Ville imprenable : Revenons à la partie qui eſtoit nommée Iſle, & voyons comme elle eſt.

Elle a en cette montagne dont elle a eſté augmentée, les Convens de Chartreux, Religieuſes de Carmelites Celeſtes, S. Bernard, Peres de l'Oratoire, Capucins, Filles de ſainte Urſule, Carmes, Auguſtins, Filles de ſainte Marie, Filles de S. Benoiſt & de la Deſerte : la pluſpart de ces Convens ſont fondez, dottez & entretenus aux dépens de la Ville, leurs revenus conſiſtent en argent.

Dans cette même montagne ſont quelques maiſons bâties par les habitans, pour le plaiſir de la veüe, qui regardent le matin, & en cette veüe un pays plain de quarante ou cinquante

quante lieües, terminé par les montagnes de Savoye & des Alpes, dont l'on voit celles-cy toûjours blanches, revétuës de la neige qui les couvre; il y a encor dans cette même bute quelques maisons où habitent des Artisans, gagnans leur vie de ce que les Marchands qui logent dans le plain, leur donnent à travailler & pour apprendre le bien que les Marchands font à leurs Cohabitans, & qui ne les ruine point. Venant au plain de cette même Ville, il faut remarquer qu'elle fait un triangle ambligone, dont les deux côtez qui terminent la pointe à l'Abbaye d'Esnay, & la soûtenduë est formée par la montagne dont nous venons de parler, ou bien c'est comme une pyramide couchée dont la pointe s'étend comme ce triangle, & les pieds est la même montagne qui va depuis le Rhône jusques à la Saone, de longueur d'environ trois mousquetades : Sa pointe est l'Abbaye d'Esnay, jointe d'vn costé de Filles de sainte Claire, de l'autre du Noviciat des Peres Jesuites, dit de S. Joseph, suivy des Filles de sainte

ſainte Marie, de celles de ſainte Eliſabeth, de celles de S. Benoiſt appellées de Blie, du grand baſtiment de la Charité, que je nomme particulierement icy pour dire plus bas, & apprendre à nos Zelez comme les habitans de Lyon nourriſſent les pauvres. Il y a auſſi en toutes ces Maiſons des Convens qui n'ont autre bien que de l'argent monnoyé, en faveur deſquels nous demandons à nos mêmes Zelez comment ils les veulent faire vivre.

Cette belle partie de la Ville de Lyon eſt terminée & ſeparée de la même partie de la ville qui ſuit, par une grande Place qu'ils appellent Belle-Cour, qui va du Rhône à la Saone, capable de contenir une armée de 40000. mil hommes, ayant à droit & à gauche de belles maiſons à cinq & ſix étages, & chacune capable de loger un Grand Seigneur ou pluſieurs familles; & de l'autre coſté un maille de la longueur de la même Place. Je me figure que cette partie de la ville de Lyon eſt comme une pyramide d'or dreſſée ſur ſon pied, enrichie de pierres precieuſes, ayant de de places entremy teintes d'émail precieux ; car on voit particulierement le long de la riviere de Saone jusques aux Terreaux des maisons de six à sept étages bien bâties de bons materiaux, comme aussi dans la même Ville en de grandes ruës, larges & spacieuses, nommément dans celle qu'ils appellent Merciere où est la Librairie, & où sont les étoffes de haut prix, & avec cela l'Hospital bâty comme une Maison Royale, de laquelle nous parlerons cy-aprés : Des Convens de Cordeliers, de Jacobins, des Celestins, de S. Antoine, le grand College des Peres Jesuites, la Paroisse de S. Nizier, où il y a plus de quinze mil Communians, son Eglise ornée de riches & devots paremens : l'Abbaye de S. Pierre somptueusement bâtie : & la Maison de Ville, dont il n'y a pas une pareille dans tout le monde, devãcée d'une grande cour ou place, & environnée de grands & superbes bâtimens, avec une belle fontaine rejallissante au milieu, sans oublier la Paroisse de la Platiere, servie par des

des Religieux de l'Abbaye de ſaint Rut. Tout cela fait l'habitation des plus riches Marchands qu'on promeut au Conſulat ou Echevinage qui les annoblit, & auquel ils ne peuvent eſtre promeus, qu'ils n'ayent premierement eſté employés en l'adminiſtration des Pauvres de l'Hoſtel Dieu & de la Charité, où ils travaillent non ſeulement pour le ſoin & la nourriture deſdits Pauvres, mais encor il faut qu'ils contribuent en ſortant une notable ſomme pour l'entretien deſdits mêmes Pauvres.

Et puiſque nous voicy à parler de la Charité, à l'adminiſtration de laquelle Maiſon, les plus riches Marchands ſont auſſi appellez, & pour apprendre qu'elle eſt meditoirement appellée Charité, parce qu'elle nourrit dix mil pauvres; ſçavoir une partie dans la Ville, qui ſont de pauvres honteux apauvris par diſgrace, perte de bien, ou par banqueroute; les autres ſont des gens qu'on prend par la Ville, leſquels on meine dans cette grande Maiſon, où eſtant ceux qui peuvent travailler y ſont employez

&

& nourris, & les vieux invalides y ſont entretenus pour l'amour de Dieu : d'autres ſe preſentent qui toutefois ont quelque peu de bien & qui n'en peuvent pas vivre, & ceux-là ſont de même nourris auſſi bien que s'ils avoient porté aſſez de quoy vivre, mais s'ils peuvent travailler, pour petit que ſoit le travail, ils les emploient; pour la nourriture deſquels pauvres, quelques-uns de Meſſieurs les Comtes & Chanoines de l'Egliſe Cathedrale de S. Jean, & quelques-vns des principaux Bourgeois de la Ville en prennent la charge, leſquels auſſi en ſortant donnent chacun de notables ſommes. Tellement qu'on peut dire avec verité que la ville de Lyon nourrit tous les jours ou à la Charité ou à l'Hoſpital quinze mille perſonnes. Voilà ce qu'il y a de monde, de maiſons, des bienfaits & aumônes dans la Ville de Lyon appellée l'Iſle.

ARTICLE II.

De la seconde Partie.

POur l'autre partie de la même Ville, tout le long de la riviere de Saône, & en la montagne qui luy fait couchant, on voit en son haut une gallerie de pierres precieuses où resident de saintes personnes vivantes; j'appelle une gallerie de pierres precieuses, parce qu'elle est bâtie de Maisons saintes & religieuses, representées par les marguerites de la vertu religieuse qu'on y professe. Dans cette gallerie se promenent de Saintes & Saints Religieux, loüant Dieu pour les richesses & la sagesse qui paroissent dans cette grande plaine qui regarde le matin, de laquelle nous avons parlé, & sur les deux grandes rivieres qu'ils voyent couler, & en ce que Dieu & la nature y a produit, & en ce que l'art a construit dans cette belle Ville qui paroît à leurs yeux.

Fundamenta ejus in montibus sanctis.

Cette gallerie est composée de Maisons religieuses de Capucins, de Carmes

Carmes Déchaussez, de Recollets, des Minimes pour les Religieux ; il y en a cinq pour les filles, sçavoir deux de sainte Ursule, une de Nôtre Dame de Chazaux, une de sainte Marie, & le cinquiéme du Verbe Incarné, & avec ces saintes Maisős, une Eglise voüée à Nôtre Dame, dite, de Fourviere, le venerable Chapitre de saint Just, où l'on ne voit que des éclatantes lumieres de charité & de grace ; tellement que cette ethimologie du mot Latin de Lyon *Lugdunum*, tiré du même Latin *de luce & duno*, comme d'une montagne luisante que la nature fait reluire par les rayons du Soleil ; mais la grace la rend plus éclatante par les lumieres de la sainteté.

Le pied de cette montagne où sont les maisons separées par une ruë d'environ un mil de longueur, comme nous avons dit cy-dessus, n'est pas moindre en sa sainteté que celle de son sommet : Je la veux comparer en ces deux parties à une image revétuë du Soleil, une couronne d'Estoiles sur sa teste, ayant la Lune sous ses pieds; car on voit une integrité de la Nobleſſe qui ne varie jamais en cette Noble & Illuſtre Egliſe de S. Jean, gouvernée par des Gentilhommes dont la Nobleſſe eſt confirmée par des preuves inconteſtables.

Il y a les Paroiſſes de ſainte Croix & ſaint Eſtienne, leſquelles eſtant unies à la Cathedrale de S. Jean, ſemblent avoir du rapport avec les deux Temples que bâtirent les Romains, l'un à la Vertu & l'autre à l'Honneur; l'honneur & la gloire de cette illuſtre Egliſe de S. Jean, dépendante de la nobleſſe de leurs Peres.

L'ancienneté du Chapitre de ſaint Paul, duquel l'Egliſe ainſi qu'on croit a eu pour ſon Fondateur ce grand Saint Docteur des Gentils; & cela peut être confirmé par la ruë de la Juifverie qui eſt en ſa paroiſſe.

Dans cette même partie eſt la paroiſſe de S. Pierre le vieux, laquelle par ſon antiquité & pour avoir la premiere receüe la Foy de S. Pierre en porte le nom.

Le Convent des Peres de la Societé de Jesus, dont les vœux principaux

paux ſont de publier leur doctrine par tout où il eſt beſoin, ont voulus faire deux Colleges, l'un dans l'Iſle dont nous avons parlé, qui eſt le grand & où les Auditeurs ſont plus nombreux ; & celuy-cy dans la partie de la Ville que nous décrivons pour la commodité de la jeuneſſe, qui auroit trop de peine de paſſer au grand College, & pour cela ils l'ont appellé le Petit, dont les Ecoles ne ſont que pour la Grammaire & pour la Rhetorique.

Il y a encor la Maiſon des Peres de la Trinité, leſquels quoy qu'ils y ayent eſté nouvellement établis, ont choiſi ce poſte pour pouvoir plus commodement travailler à la redemption des Captifs Chrétiens, qui gemiſſent il y a ſi long-temps ſous l'eſclavage des Infideles.

Et enfin de petites Eſgliſes que les habitans entretiennent, appellées Recluſieres, parce que la Ville autrefois y entretenoit de ſaints Hermites qui ne bougeoient jamais de leur Hermitage ; mais pour s'advertir mutuellement de leurs devots exercices avoient des fisselles, chacun de son côté attachées à des clochettes, par le son desquelles ils s'advertissoient reciproquement des Oraisons qu'ils faisoient, & l'assistance qu'ils se demandoient les uns aux autres, lors qu'ils estoient attaquez de quelque tentation. J'adjoûte volontiers cette remarque de l'ancienne devotion des Lyonnois, pour faire entendre que le Christianisme y estoit purement & religieusement étably.

Il y a cette Maison de S. George possedée par des Chevaliers de Malthe, établis comme de puissantes defenses contre le Paganisme.

On y reconnoit le tribunal de la Justice constante & inviolable, rendre à un chacun ce qui luy est deub.

On y voit le canal par lequel fut épanché le sang d'une infinité de Martyres qui rougit les eaux de Saône, & ils luy changerent de nom, & luy donnerent le nom qu'elle a, qu'elle ne changera jamais.

Mais encor particulierement on y voit cette Place du Change, où s'assemblent les Marchands negocians pour

pour l'asseurance de leur negoce, & la foy inviolable qu'ils gardent entre eux, entre les creanciers & debiteurs dont nous parlerons cy-aprés.

Les Estoiles que nous voyons en la teste de l'image de cette montagne sont formées par les ames saintes qui sont dans ces Maisons religieuses, & le vétement du Soleil qui l'environne jusques aux pieds, est la doctrine qui se trouve pour la Theologie en tous les Docteurs qui enseignent dans ces Convens, dont ils font voir les rayons dans leurs Confessionnaux, dans les Chaires où ils preschent, & dans les livres qu'ils publient hors de leurs Convens, & dedans par les Escoles où ils ont des Docteurs Regens. Ces rayons du Soleil paroissent encor en cette noble & illustre Eglise qui a la Comté de de Lyon par des Docteurs de Sorbonne dont ils ont graduez. Cette lumiere reluit encor par la Jurisprudence,& par la doctrine du Droict qu'on voit en l'integrité de la Justice que les Juges rendent, & par l'éloquence & la capacité des Advocats qui se font admirer dans leur barreau ; ſans oublier les Colleges des Medecins où ſont des nouveaux Hypocrates, qui font voir la miraculeuſe ſcience de l'ancien.

ARTICLE III.

Des vertus & des graces qui ſont communes aux deux parties de la ville de Lyon.

COmme le mot *Lugdunum* n'eſt pas pris ſeulement pour cette ſeule montagne, mais qu'il s'étend auſſi dans l'autre partie qui eſtoit appellée Iſle ; ainſi la lumiere des graces, de ſainteté & de doctrine dont nous venons de parler s'étend juſques à tous les Convens Religieux qui ſont de l'autre côté de la Ville & particulierement dans le grand College des Peres de la Compagnie de JESUS. Et afin qu'on connoiſſe encore que cette partie icy appellée l'Iſle a eu toûjours des Docteurs de la premiere université du Christianisme, qui est la Sorbõne, & des doctes Casuistes dans les Convent des Jacobins, des Cordeliers, des Augustins & des Carmes qui ont été revétus des rayons du Soleil de la doctrine Theologique; on verra aussi que toute la Ville a été éclairée d'un côté & d'autre des rayons de cette doctrine, pour instruire ses habitans de ce qu'ils doivent sçavoir pour la justice de leur negoce, & pour la conduite de leurs consciences.

Je ne fais pas icy une Apologie de la ville de Lyon, elle merite une plume plus déliée & un esprit plus epuré pour décrire ses perfections, & la faire voir admirable : pretendant seulement de montrer le soin que les habitans ont eu de conserver le lustre, la beauté & la richesse de leurs domiciles, ce qu'ils n'auroient pû faire si l'Vsure damnable y avoit regné, parce qu'elle est la ruine des edifices, celle de ceux qui y habitent, & des biens qui font subsister les uns & les autres. On ne voit point dans Lyon des maisons découvertes, dont les murailles & les planchers tombent par terre, ce qui arrive aux villages & en la ville par beaucoup de mauvais accidens, mais particulierement par celuy qui eſt cauſé par les malheureuſes Uſures : au contraire tout y eſt tenu en bon état, agrandy & augmenté, les ruës élargies, & les lieux qui étoient ouverts aux ſaletez & aux ordures, environnez de murailles : J'en fais icy une remarque particuliere qui fait à la juſtification de nos Ceremonies Chrétiennes.

Les pretēdus Reformez qui ſont tolerez dans cette grande Ville, avoient un lieu où ils enterroient les corps de leurs morts contre les murailles du cimetiere de l'Hoſpital, mais le lieu étant ſans clôture, les habitans d'alentour y alloient jetter leurs ordures; pourquoy eſtce que ces pauvres abuſez par leur hereſie ne s'en plaignoiēt point? La raiſon en eſt concluante, c'eſt qu'ils font toûjours leurs enterremens la nuit, & ne viennent jamais le jour pour viſiter leur ſepulture, & étant opiniâtrés en ce déreglement, ils n'avoient garde de s'en s'en plaindre ny donner ordre à demander justice de leurs plaintes. Ils firent clore ce miserable lieu, mais on y remarque un accident étrange à leur confusion ; car l'on voit en ce lieu-là où leurs corps sont enterrés que l'herbe n'y croit ny paroit jamais, il se faisoit tout de même lors que le lieu étoit sans clôture, mais cela pouvant arriver de l'injure du temps on n'en pouvoit tirer aucune mauvaise consequence, comme l'on fait maintenant ; car dans le cimetiere des Huguenots, dit tout le monde dans Lyon qui le visite souvent pour en voir la verité, il n'y croît jamais aucune sorte d'herbe.

Le Cimetiere de l'Hospital au contraire où l'on enterre les Catholiques, qui est tout contre, la muraille entre deux, est herbu quasi incontinant aprés que les corps sont couverts de terre ; on le dit aux Pretendus, & ils le sçavent, & ne peuvent interpreter cét accident extraordinaire ny par la nature, ny par des graces qui soient deües à leur Pretenduë Religion.

CHAPITRE V.

Des Royaumes & Provinces qui ſont au tour de la ville de Lyon, & dont elle eſt la porte.

BIen que Lyon ſoit en une extremité de la France, elle eſt neanmoins contre la nature de toutes les figures geometriques, le centre du même Royaume : la Picardie, la Normandie, la Bretagne, le Poitou & la Gaſcogne font ſes extremitez plus éloignées que la Champagne; la Bourgogne, l'Auvergne, le Limoſin, le Belay, le Languedoc, la Provence & le Dauphiné luy ſont plus prés & la Breſſe la joûte, ou qu'elle vient avec le Dauphiné juſques à ſes fauxbourgs ; neanmoins ny celles qui ſont prés ny celles qui ſont loin, ne peuvent ſortir hors d'elles mêmes ſans paſſer à Lyon : Elles y viennent ſi elles ſont pauvres pour y avoir la paſſade

paſſade, ſi elles ont beſoin d'étofes curieuſes pour s'habiller, ſi de l'argent pour paſſer outre & pour aller en d'autres Provinces, c'eſt pour y en prendre ou pour en avoir des lettres de change : les bateaux qui y arrivent chargez de toute ſorte de marchandiſes, les mulets & autres beſtes de voiture qui viennent de toute la France & des Provinces étrangeres, voiſines pour y apporter de la marchandiſe ou pour y en prendre, en ſont de fideles témoins.

Le Dannemarc, la Hollande, la Suéde viennent à Lyon pour y trafiquer, pour y prẽdre lettres de change pour aller en Italie, pour aller en Eſpagne, & pour paſſer la Mer Mediterranée ; l'Angleterre & les autres Royaumes n'ont autre chemin que celuy de paſſer à Lyon pour aller en Italie ou ailleurs s'ils ont beſoin d'argent, l'Eſpagne en eſt de même, & ceux qui viennent des Eſtats du Grand Seigneur & des Indes paſſent par Lyon venant en France, pour y prendre de l'argent ou lettres de change : toutes les Provinces de France

France ont à faire à Lyon pour negocier, toutes les Allemagnes l'ont aussi, la Pologne, la Hongrie ; enfin toute l'Europe, l'Asie, l'Afrique & les Indes y ont correspondance pour le negoce & partant pour de l'argent. Ce concours & abord de cette grande Ville n'estant en autre lieu du monde, font voir l'importance de son negoce & le besoin qu'elle a de manier de grands tresors.

Nous concluons que Lyon negociant avec les Marchands de tout le monde, il est necessaire à cause de cette correspondance qu'il ait de l'argent pour entretenir ses commerces.

CHAPITRE VI.

Le commerce de Lyon conneu par tout le monde.

CE commerce estant connu par tout le monde, il faut necessairement que Lyon ait de l'argent dans ses

ſes caiſſes, outre les marchandiſes qui ſont dans ſes magaſins ; car ſi un Marchand de ſoye, par exemple a receu des étofes de ſoye de la Province de Touraine ou d'Italie, il faut qu'il ait de l'argent pour les payer dans ſa caiſſe, ou qu'il luy en ſoit deub à Tour ou à Milan, il ne luy en eſt point deub ny en l'une ny en l'autre de ces Provinces, ny n'en a point dans ſa caiſſe, ce Marchand étranger le preſſe, luy envoye des lettres de change, il ne les acquite point, que fera ce Marchand ? Je ſupplie nos Zelez de luy donner un bon conſeil pour cela, luy dira t'on qu'il vende ſes marchandiſes pour payer ? Il n'en ſçauroit faire la vente, parce que ce n'eſt pas encor le temps & qu'on n'en veut qu'à vil prix ; or les vendant ainſi à vil prix il perd ſon bien, il ne s'acquite pas pour cela de ce qu'il doit : Il eſt donc perdu, car voilà un grand dommage, voilà ſon negoce ruiné ; cela n'arrivera pas ſeulement à ce Marchand que nous appellerons Verdan, il peut arriver à d'autres Marchands qu'on nommera

Joſſioy

Joffroy , Michel ou en même temps, ou aprés quelque temps , voilà leur negoce perdu , n'y a t-il pas quelque ſecours pour empeſcher cette ruine ? Il n'y en a point d'autre que de foüiller dans la bource des autres Marchands , ils répondront qu'ils n'en peuvent point donner de peur de perir , mais qu'on leur donne quelque profit : il faut aller à la banque qui donne de l'argent à dix pour cent pour arreſter les creanciers de ce pauvre Marchand , lequel eſtant quite de leur oppreſſion, vend ſa marchandiſe , paye celuy qui luy avoit prêté avec le profit qu'il luy avoit promis : Y a t-il quelque peché en tout cela ? Ils nous répondront peut-eſtre , il vaut mieux que l'argent & tous les Marchands periſſent que d'avoir receu de l'argent à profit , parce que c'eſt une Vſure. Eſt-il poſſible que cela puiſſe eſtre dit ! ou s'il ſe peut, il faut qu'il n'y ait point de negoce.

Mettons qu'ils ne diſent pas cela, mais que celuy qui a prêté a tort d'en prendre du profit , à quoy il répondra s'il eſt Marchand ; je n'ay pas pû pû prêter mõ argent ſans profit, parce que je n'euſſe pû negocier ny profiter de mon negoce ſi je l'euſſe donné; & le Banquier dira, mon negoce eſt de tenir de l'argent en ma banque, d'en prendre à Lyon pour le faire tenir à Rome, & d'en faire donner à Rome pour le faire payer à Lyon; c'eſt mon negoce, l'argent eſt ma marchandiſe qui vaut plus ou moins ſelon qu'il s'en trouve à Lyon ou chez mes Correſpondans : la dépenſe que je fais pour les perſonnes que je tiens à gage pour tenir les livres de ma banque, la peine que je prend, tout cela veut recompenſe, je prend donc du profit de cét argent comme ſi je trafiquois de draps d'Eſpagne.

Vn Païſan ayant à faire d'argent pour achepter un fond qui l'accommodoit, & n'en ayant pas aſſez vint à Lyon à un Banquier logé à la Juifverie pour luy demander cent écus dont-il payeroit le profit. Le Banquier luy promet, receut ſa promeſſe & luy faiſant ſon compte, il entendit le dernier coup du Sermon ſonnant en l'Egliſe de S. Paul où preſchoit le

Pere

Pere Cotton, il ramaſſe cét argent & le remet dans ſa caiſſe; allons dit-il au Payſan à la Predication, nous ferons nôtre affaire aprés : le Pere Cotton ſe trouva preſcher de l'Vſure, ſur laquelle preſchant avec force comme il étoit éloquent, le Payſan qui l'écoutoit, conceut avec triſteſſe que ſon creancier ne luy tiendroit pas parole ; neanmoins le Sermon eſtant fini, le Banquier ſort, & trouvant le Payſan, allons, luy dit-il, achever nos affaires, luy fait ſon compte, luy tire ſa promeſſe, adieu mon amy. Ma foy Monſieur, dit le Payſan, je croyois bien que vous ne me prêteriez pas cét argent icy, pourquoy ? parce que ce Monſieur le Predicateur a prêché trop puiſſamment contre l'Vſure : Mon amy, dit le Banquier, le Pere Cotton a parlé ſelon ſa profeſſion, & moy j'agis ſelon la mienne, ma marchandiſe eſt de l'argent, c'eſt dequoy je negocie, je la debite & y cherche mon profit comme un Marchand Quinquallier de la ruë Merciere profite en ſa mercerie.

CHAPITRE VII.

Ce qu'enseigne S. Thomas en la 2. de sa 2. quest. 78. art. 1. & 2. divisé en deux Articles : Le 1. contient la Doctrine de S. Thomas : Le 2. les Conclusions qu'on en tire.

ARTICLE I.

NOus avons répondu cy-dessus à ceux qui condamnent les Vsures sans exception, qu'ils n'établissoient pas bien la nature de l'Vsure: & sur ce defaut là, ne connoissant pas & ne montrant point sa malignité ; l'authorité qu'ils rapportoient de la sainte Escriture, des Peres, des Casuistes, des Auteurs même profanes ne leur pouvoit de rien servir : & pour cela nous avons tâché de reconnoître cette malignité de l'Vsure dans ce qui est écrit en la sainte

ſainte Eſcriture, de ce qu'en ont dit les Peres & les Auteurs profanes; mais n'ayant agi que par la force de la raiſon, je veux icy rapporter l'authorité de S. Thomas, lequel en a ſi bien & ſi dignement écrit en ſa Somme qui doit ſervir de vray interprete de la ſainte Eſcriture, des Peres, des Docteurs & des Caſuiſtes, auſſi eſt-ce lui qui a mieux entendu la Doctrines des Philoſophes anciens que tout autre, & voici comme il parle ſur l'uſage de l'argent *art.* 1. rapportant 1. *Ariſtote en ſes Ethiques & en ſa Politique*: le principal uſage de l'argent, dit-il, conſiſte à negocier, vendre, achepter & changer, & cette doctrine eſt conſtante en ce que s'il falloit negocier toûjours à amener des bœufs & des brebis, dont le mot Latin de l'argent eſt dit *pecunia*, ou s'il falloit pour negocier des charges de fer ou autres fardeaux peſans, le trafic ſeroit importũ ſi on le faiſoit prés, & impoſſible s'il étoit loin: il faut donc ſe ſervir des pieces d'or & d'argent qui ſont portatives & commodes pour le negoce à cauſe de leur valeur, quoy

quoy qu'en petit volume.

2. Le Peché de l'Vſure conſiſte en ce que l'argent de ſoy ne ſert de rien, laiſſez-le dans un coffre l'eſpace de cent ans, vous n'y trouverez autre choſe que ce que vous y avez laiſſé : & neanmoins l'Vſurier en prend du profit, vend ce qui n'eſt point dans l'argent, il prend cent écus de deux mil, leſquels deux mil n'ont de ſoy, comme argent, ny ne peuvent valoir rien hors d'eux mêmes, c'eſt pourquoy celui qui vend ainſi ſon argent ſec, fait contre la Juſtice.

Cela eſt vray, mais ſi nous trouvons que ces deux mil écus peuvent profiter dans le change, & dans le trafic acheptant & vendant : certainement l'argent qui de ſoy n'étoit point profitable eſt en ce cas ici utile & partant on en peut tirer du profit en cette façon là ; c'eſt pourquoy S. Thomas dit, les loix humaines permettent les Vſures, non pas les eſtimant juſtes ; mais afin que le profit de pluſieurs ne ſoit pas empeſché : donc on peut tirer du profit de l'argent

gent pour ne pas empeſcher le profit que peuvent faire pluſieurs : c'eſt à dire pour ne pas empeſcher le negoce.

Et en ce qu'on oppoſe que Dieu permit aux Juifs de prêter de l'argent à uſure aux étrangers : S. Thomas répond, que ſi Dieu permit aux Juifs de donner leur argent à uſure aux étrangers, c'étoit pour éviter un plus grand mal, qui eſtoit afin que les Juifs qui avoient la connoiſſance de Dieu, ne donnaſſent pas à uſure entre eux, parce qu'ils y étoient extrémement addonnez à cauſe de leur avarice : & par là il apert que le peché de l'Vſure eſt un peché moral, qui peut être oſté par une circonſtance morale.

Il eſt donc neceſſaire en ce cas icy de l'Vſure, de ſçavoir ſi ceux qui la commettent, c'eſt à dire ceux qui prêtent de l'argent à profit ſelon que les Superieurs rendant la juſtice & leur permettant, ſont coupables du peché d'Vſure, & dire celui qui donne ſon argent à profit qui que ce ſoit, Religieux, Religieuſes, Marchand, Banquier,

quier, Bourgeois, tous ceux-là pechent-ils ? On répond, ils ne pechent pas contre l'ordonnance de leurs Superieurs qui leur permettent, ny ces Superieurs ne pechent point aussi ; mais ceux qui prêtent l'argent pechent si l'on ne fait voir qu'il y a quelque excuse en eux outre la loy du Superieur, qui oste le peché ou la coulpe de l'Vsure.

S. Thomas aprés cela au 1. *art.* répondant à la sixiéme objection qui lui est faite de l'argent en lame, ou qui n'est pas monnoyé, lequel peut estre vendu & donner du profit; qu'il semble que l'argent monnoyé peut estre de même donné. Il répond que l'argent en lame a deux usages. Le premier est que les vases & l'argent en lame est pour vendre purement, & servir à celui qui l'achepte pour son usage, & de cette façon on le peut vendre. Le second est qu'on ne peut pas vendre son usage, on vend la chose, mais non pas l'usage : au contraire, l'usage de l'argent monnoyé n'est que pour permuter avec la marchandise, & ne peut pas estre vendu, mais ſi on le donnoit pour parade, que S. Thomas appelle ad *oſtentationem*, ſon uſage pourroit eſtre vendu & on en pourroit prendre du profit : Et ainſi, dit le même Saint, le même argent monnoyé peut donner du profit ſi on le baille en gage, parce qu'alors il eſt comme marchandiſe ; comme on a veu il y a quelque temps aux Indes & aux pays étrangers, où les femmes ſeparoient des pieces de cinq ſols de France les mettant en leurs cheveux pendantes à leurs oreilles, comme l'on fait en France un bouton d'argent, les boucles & les perles : Ces pieces de cinq ſols en ce pays là étoient marchandiſe, & on les vendoit comme marchandiſe, ſi bien qu'il y a des marchands qui ſe ſont extrémement enrichis par la vente de ces pieces de cinq ſols, en prenant quinze & vingt pour cinq. Ces pieces donc ne paſſoient pas pour argent monnoyé, ains pour marchandiſe.

Mais je n'entend pas le mot Latin *oſtentatio* duquel S. Thomas ſe ſert en ce cas icy, diſant qu'on peut tirer du profit

profit de l'argent qu'on prête à quelqu'un ad *ostentationem*, car la parole latine *ostentatio* signifie vanterie; disons qu'elle signifie vaine gloire ou parade pour se faire voir : car je ne vois pas que toutes les significations de ce mot puissent convenir à l'argent, c'est à dire comment l'argent monnoyé peut servir de vanterie, peut faire voir la vanité ny produire la parade, ny faire voir celui qui le reçoit, puis qu'il le tient caché : on voit bien cela clairement en l'exemple que nous avons rapporté cy-dessus des pieces de cinq sols ; car ces mêmes pieces ne valoient que cinq sols chacune, & le Marchand les vendoit quinze, voire vingt, pourquoy est-ce qu'il n'y a pas de l'Vsure ? parce que dit S. Thomas cét argent n'a été achepté que pour parade, pour la vanité des vétemens des femmes, voilà en ce cas là l'ostentation, mais il n'en est pas de même de l'argent & de l'or monnoyé; car on ne voit pas que dix mil écus en pistoles ou monnoye blanche puissent servir de parade, cōme ces pieces de cinq sols : je ne sçay ſi je pourray expliquer cecy, par ce qu'on dit qui arriva à Lyon il y a long temps : Vn Marchand negociant dans la même ville avoit perdu le credit & n'avoit ny dequoy achepter ny dequoy vendre, toutes les bources luy étoient fermées ; il s'adviſa de faire venir des mulets chargez de bâles bien peſantes comme d'argent, fit courir le bruit que l'argent luy arrivoit, & fit paſſer ces mulets devant le Change, où l'on ſe perſuada que c'étoit cét argent qu'il attendoit ; l'ayant fait décharger en ſon magazin, il ſe trouva des Marchands qui luy apporterent de l'argent, car il arrive ſouvent qu'on en apporte à ceux qui en ont, le croyant bien aſſeuré ; ce Marchand donc ſe remit, paya ſes debtes, achepta de marchandiſes, & dit-on qu'il devint un des plus riches de la ville : voilà un avenement d'une particuliere prudence, & je crois que ſi ces bâles euſſent été de vray argent, & que quelqu'un l'eût prêté à cét homme ſans credit, il le luy auroit prêté comme dit S. Thomas ad *oſtentationem*, & en auroit pû prendre

dre du profit comme de la marchandiſe.

Le même *S. Thomas art.2.* ſi quelqu'un prête ſon argent à un autre, & qu'il luy arrive du dommage pour l'avoir prêté, alors il peut exiger ce que pouvoit valoir le dommage, & en cela il y a à conſiderer qu'il ſe peut faire que le debiteur gagne beaucoup plus de l'argent qui luy eſt prêté, que n'eſt le profit qu'il paye à ſon creancier ou à celuy qui le prête.

Le même S. Thomas *au même lieu*: Si quelqu'un donne de l'argent à un Marchand pour negocier, ou à un Artiſan pour avoir dequoy travailler, accordant qu'il ſe ſoûmet au danger de la perte de ce qu'il prête, alors il en peut tirer du profit, & cela ſe fait en toutes les ſocietez des negocians: ils ſeront trois, par exemple, l'un donne dix mil écus, l'autre en porte vingt & le troiſiéme n'y porte que le travail & l'induſtrie, s'il y a du profit, chacun en tire ſelon ce qu'il y a mis, & s'il y a perte totale, chacun perd ce qu'il a donné. Voilà la doctrine de S. Thomas belle, ſubtile, ſolide, agiſſant par la force de la raiſon, montrant clairement la nature de l'Vſure, là où il y en a, & là où il n'y en pas, répondant aux objections qui ſemblent devoir l'abolir ou l'excuſer avec la negation de ce qui eſt faux, avec la diſtinction qu'elle ſouffre, & la reſolution qu'en doit avoir un chacun pourveu qu'il ſçache lire; j'y trouve neanmoins à redire que je puis propoſer comme Docteur, 1. Sur ce qu'il enſeigne que les Vſures que prenoient les Juifs ſur les étrangers, bien que ce fût par la permiſſion de Dieu, étoient des Vſures damnables: car eſt-il poſſible de ſe perſuader que les Juifs qui l'aimoient & qui étoient ſon peuple, commiſſent l'Vſure pour ſe damner. L'uſure n'eſt pas de ſoy un peché, & elle l'eſt, parce que Dieu la defend: Dieu oſte cette defenſe pour les Juifs, & leur permet de donner à Vſure, donc la defenſe de Dieu eſt oſtée par cette permiſſion.

Pource qui eſt des puiſſances humaines qui permettent l'Vſure, c'eſt à dire de donner l'argent à profit: Certai

Certainement je ſuis de l'opinion de Navarre, il ſeroit à propos, voire neceſſaire, que le Prince ſouverain de l'Egliſe y apportât ſon authorité pour confirmer les permiſſions humaines, débarraſſer l'eſprit de beaucoup de gens de bien, & fermer la bouche à ceux qui les veulent embarraſſer; mais à ce defaut je ſuivray ſeulement la doctrine de S. Thomas que j'ay cy-deſſus rapporté, & tirer de là les concluſions ſuivantes.

ARTICLE II.

Concluſions tirées de la doctrine de S. Thomas.

CONcluſion 1. ſelon l'*Exod.* 22. & le *Deuter.* 23. cy-deſſus cité, Dieu defend de prêter à ſon pauvre peuple & à ſon frere, de ne le pas opprimer par des actions uſuraires, c'eſt à dire tu ne le ruineras pas, tu ne luy oſteras pas ſon entretien, ne le feras pas mourir de faim, & ne luy cauſeras pas le reſte des maux qui ſuivent les Vſures : Or eſt-il , qu'on ne voit point dans Lyon de pareilles oppreſſions ny pareilles ruines, comme nous avons dit cy-devant , puiſque le laboureur y ſubſiſte , puiſque tous les habitans ont du bien , travaillent, ont des maiſons de plaiſance & de revenu , & s'il y en a quelqu'uns reduits à la pauvreté , la Ville même en nourrit à millier , & dans ſon Hoſpital & dans ſa Maiſon de la Charité ; & comme nous avons dit, en la Ville même.

Nous concluons 2. ſelon le même S. Thomas , que la Juſtice humaine, les Ordonnances royales ont pû permettre de donner de l'argent à profit, qu'ils appellent intereſts , & qui ne ſont point coupables d'Vſure s'il y en a, l'ont permis pour empêcher un plus grand mal, qui eſt la ruine du negoce: Et ſi on me demande ſi ceux qui prêtent à profit cõmettent l'Vſure damnable. Reſp. Je dis que le cas eſt bien delicat; car les ordonnances des Juges Royaux veulent que les debiteurs payent le profit & intereſts , & les y contraignent par ſaiſie de leurs biens, vente

vente d'iceux & emprisonnement de leurs personnes, que ferons ces gens-là? se laisseront-ils mourir? pourront-ils pas chercher de l'argent à profit? pour moy j'en decharge celuy qui doit, & qui emprunte à profit, pour payer, mais pour celuy qui prête, je crois aussi qu'il en doit estre innocent, si donnant son argent sans profit, son negoce est interrompu, & il est en danger de perir comme nous avons dit du lucre cessant, & du dommage avenant.

Nous concluons 3. Que le prêt à Vsure, c'est à dire prendre du profit de l'argent prêté, n'est pas peché de soy-même, puis qu'il peut estre excusé par quelques circonstances, comme nous avons montré cy-dessus, & pour voir cette verité de la distinction qu'il y a des pechez qui ne sont pas essenciellement méchants avec ceux qui en ont naturellement & essenciellement la tache: Disons, & que nos Zelez remarquent avec nous, que le peché de palliardise est de sa nature essenciellement criminel, & il ne peut avoir aucune diſpenſe ; il eſt neanmoins toleré & permis en des Royaumes qu'on eſtime des plus purs & plus juſtes du Chriſtianiſme, on bâtit des maiſons exprés, dans leſquelles on nourrit des femmes abandonnées à ce malheureux peché en quelqu'uns : Et en d'autres il y a des Egliſes dont le revenu conſiſte en loüage de maiſons qui ſont au tour des Eſgliſes mêmes, loüées & habitées par des femmes impudiques, qu'on voit aſſiſes aux portes de leurs maiſons, & qu'on viſite dans leur chambre. Voilà un peché qui ne peut avoir aucune diſpenſe, les Superieurs neanmoins de ces lieux-là ſouffrent ces ordures; mais ne peuvent pas diſpenſer pour cela de la ſaleté, les Superieurs les permettent pour éviter de plus grands crimes, & pour cela ils ne ſont pas coupables du peché qu'ils permettent; mais les impudiques abandonnées n'en ſont pas diſpenſées, il y a peut-eſtre plus de mil années qu'une N. grande ville entretient ce malheureux peché, où ſont decedées un million de femmes abandonnées : ça Meſſieurs

ſieurs les Zelez , que dites-vous là deſſus, prenez halaine pour nous reſoudre, & laiſſez la ville de Lyon qui eſt chaſte & qui a les mains nettes, & ſi vous me demandez ou ſi vous me conſultez comme Docteur, je me contente de dire comme Navarre que celuy qui ſouffre le bordel dans ſa maiſon, eſt coupable du crime de palliardiſe qui s'y commet. Qu'il ſeroit à deſirer que les Superieurs trouvaſſent quelque autre moyen pour oſter les enormités de ce peché : comme nous approuverions le même Navarre, enſeignant que le Souverain Pontife pourroit rendre excuſable l'Vſure, ſi nôtre Ville de Lyon la commettoit.

Nous concluons enfin, que la ville de Lyon étant ſcituée en un endroit où tout le monde a à faire pour le negoce, elle doit avoir entre toutes les Villes du monde en ſoy, dans ſes banques & dans ſes caiſſes de l'argent monnoyé pour entretenir ſes negoces, & que n'en ayant pas, ny n'en pouvant avoir, elle ne periroit pas ſeulement en elle même ; mais toute la France, tous les Royaumes voiſins ou éloignez, nationnaires ou étrangers en recevroient auſſi du dommage pour leur negoce, ou il en faudroit trouver une autre, en laquelle on pourroit rencontrer les mêmes empêchemens, les mêmes dangers & les mêmes pertes. Seroit-il poſſible ! qu'un ſimple Caſuiſte ſe ſoit figuré que l'Vſure eſt un grand mal, pour émouvoir les Negocians de Lyon à abandonner le negoce ; car tous ſont gens de bien, & je leur aſſeure avec S. Thomas, que l'Vſure n'eſt pas un peché eſſenciellement mauvais, & qu'elle eſt oſtée abſolument, lors que donnant & prêtant leur argent, ils en peuvent legitimement retirer du profit, ainſi que nous avons veu & enſeigné cy-deſſus.

Mais qui ſont ces Zelez qui declament ſi fort contre l'Vſure ? J'en ay conneu particulierement par l'ouvrage qu'on m'a fait voir d'un certain qui n'eſt point Docteur, mais un homme qui parle par la bouche d'un autre homme mort qui ne l'étoit point auſſi : c'eſt un homme qui s'eſt erigé

erigé en procureurs des ames, semblable à ceux qui vont la nuit éveillant ceux qui dorment, pour les advertir de prier Dieu pour les trepassez : Ainsi ce Zelé en la preface de son ouvrage, dit qu'il va publier les sentimens d'un homme decedé, lequel étant homme de bien on devoit prier Dieu pour luy, en ce qu'ayant composé un livre contre les Vsures, & ne l'ayant pû publier en son vivant, il avoit laissé comme un posthume produit par sa charité pour le bien & le salut des ames Chrétiennes : ce que ce Zelé icy a reveillé, & comme resuscité, mais si malheureusement, en cas que cét ouvrage fût receu, qu'il n'a sceu dire que c'étoit que l'Vsure.

On nous opposera de la part de ce Zelé qu'il y a en France, comme il a écrit des Conciles Provinciaux, particulierement à Bourdeaux, par lesquels l'Vsure est absolument defenduë sur peine de peché mortel, il rapporte bien d'autres reglemens pour cela faits en des Provinces étrangeres ; mais ne nous appercevant pas de la cauſe pour laquelle il les ont fait, nous nous contenterons de répondre aux Conciles de Bourdeaux ; peut-eſtre nôtre réponſe ſervira pour les étrangers. Entre tous les lieux, je diray, qu'on puiſſe habiter la Province de Bourdeaux eſt, comme rapporte S. Thomas des Juifs, addonnée à l'avarice & à l'uſure aux villages & aux petites villes où reſident de petits Gentilhommes, & de ceux qu'on appelle Franctoupins,& encor de ſimples Laboureurs,leſquels ayant de l'argent monnoyé dans leur bource, & des danrées, ils font trafic d'en prêter à leurs circonvoiſins avec tant de malheur, que ceux qui prennent de leur argent & de leurs danrées, ſont enfin ruinez & reduits à la beſaſſe. J'y ay reſide fort long temps, & ay veu tous ces deſordres, & partant ceux qui ont fait des aſſemblées ont eu raiſon, il étoit juſte de deteſter leurs uſages & condamner les Vſuriers par des cenſures les plus formidables : & je m'aſſeure que ſi la Cour du Parlement de Bourdeaux a eu connoiſſance de ces crimes, elle

n'a

n'a pas refusé d'approuver ce Jugement Ecclesiastique par la severité & execution de ses Arrests ; mais ce crime ne touche en façon quelconque la Province du Lyonnois & encor moin sa Ville. *Si nôtre Zelé voyage, il verra & apprendra.*

CHAPITRE VIII.

Du Change de Lyon.

LE Change selon son nom est entendu lors qu'on donne quelque chose pour une autre, comme changer un cheval contre un autre troc de Gentilhomme ou avec tourne, changer uu bœuf contre une vache, comme fait le Laboureur, changer de l'huile contre du vin, & ainsi de donner d'autres especes les unes pour les autres, & des pieces de terre ou d'autres fonds, comme font ceux qui ont du bien aux champs: nous ne parlons pas icy de pareils Changes ; mais nous traitons de celuy de l'argent contre des marchandises, d'especes contre

contre d'autres eſpeces, qui ſe fait dans le negoce, & particulierement dans cette belle, grande & marchande ville de Lyon, traité par les Marchands & Negocians qui ſont dans la même Ville: où il faut remarquer qu'ils entretiennent leur negoce avec grand ſoin, épuré d'injuſtice, de fraude & de pipperie, leur ſoin eſt ſemblable aux aſſemblées qui ſe font dans les Convens, où les Religieux s'aſſemblent pour traiter des affaires de leur Religion, & voir en quel état ils ſont.

Ainſi les Marchands de Lyon ont un lieu bâty comme une gallerie dans une place publique, élevé par quelques degrez, où ils montent, éclairé par des arcades, le tout noblement bâty, & où ils ſe doivent trouver aux heures du matin pour conferer entre eux des affaires de leur trafic, chacun porte un état qu'ils appellent bilan, qui eſt un livre dans lequel chacun écrit ce qu'il doit & ce qui luy eſt deub. Ces états ainſi écrits ſervent pour celuy à qui il eſt deub, autant que ſi ſon debiteur luy en avoit fait

une

une obligation la plus authentique & ſolennelle, & ce qu'il écrit devoir eſt de méme auſſi aſſeuré que ſi celuy qui ſe reconnoit eſtre debiteur luy en avoit fait une ſolennelle reconnoiſſance par main de Notaire & en preſence des témoins.

Si ces Marchands ſont par exemple quatre vingt, il y a auſſi quatre ving états ou quatre vingt billans, portant chacun ce qu'il doit & ce qui luy eſt deüb ; tellement que s'il eſt deub deux mil écus à Verdan dont la debte eſt écrite dans ſon livre, il eſt auſſi aſſeuré qu'ils ſont à luy, comme s'ils étoient dans ſa caiſſe, & celuy qui en doit autant à un autre, eſt auſſi obligé par ce billan de reconnoiſtre auſſi bien ſa debte comme s'il s'étoit obligé pardevant le Notaire.

Voilà la fidelité inviolable de ces Negocians, que chacun ſe reconnoit debiteur, & paye par le ſeul écrit du billan de ſon creancier. Et lors que Verdan eſt redevable à Michel & qu'il s'en veut décharger, il appelle Michel ſon creancier & luy remet la partie que Joffroy luy doit,

lequel

lequel étant present se charge de payer à Michel qui se reconnoît creancier de Verdan , & ils appellent cela virement des parties, qui fait que celuy qui étoit creancier devient debiteur de l'autre , & celuy qui étoit debiteur est fait creancier. Tous ces états de credit sont fidelement observés, & pour l'observation & confirmation d'iceux , chacun de ces quatre vingt Negocians écrivent dans leurs livres , qu'ils appellent de raison , ce qui leur est dû & ce qu'ils doivent, & ce qui leur est deub conjoint avec les marchandises qu'ils ont dans leurs magasins , & l'argent qu'ils ont dans leurs caisses, fait voir ce qu'ils ont vaillant , déduisant ce qu'ils doivent. Voilà la fidelité de ces Negociateurs , & l'asseurance de la connoissance du bien & des fonds qu'ils ont.

L'assemblée qui se fait dans le lieu dont nous avons parlé est si religieusement observée , que si quelqu'un des Negocians y manque , il en doit avertir & faire sçavoir qu'il n'y peut

peut pas venir, par des legitimes excuſes, ou autrement on le ſoupçonne de fraude, chacun en eſt emeu, & on cherche avec empreſſement où il eſt, pourquoy il s'eſt abſenté, l'Aſſemblée ne pouvant s'empeſcher d'en prendre du ſoupçon.

On demande, puis qu'il eſt ainſi qu'il y a une ſi grande fidelité entre les Marchands negocians de cette belle Ville, qui les fait vivre en cette paix ; de voir leurs fonds en bon état, & qui leur doit donner courage de pourſuivre leur negoce, de voir, que puis qu'ils ont fait de bonnes affaires par cy-devant, ils ſont en état de s'advancer toûjours, puiſque le preſent leur fait eſperer une proſperité plus grande à l'advenir ; pourquoy eſt-ce neanmoins qu'on en voit perir tout à coup ? c'eſt, dit le Pere de l'éloquence, parce que ſouvent les grands biens acquis, & les richeſſes en abondance, ſont la ſource d'une future ruine, c'eſt un pas gliſſant que la proſperité de la fortune, laquelle n'eſt jamais éloignée d'un d'un funeste changement.

La paresse se trouve en un Marchand riche, lors que quittant le travail du negoce il fait le Seigneur, veut vivre de son bien, bâtit une maison aux champs, belle & grande, y loge avec grand plaisir, y dort avec une grande quietude, se plaît à faire des jardins & des parterres dans cette maison ; enfin y est tellement tout, que n'ayant que des beautez & des plaisirs dans sa maison des champs, celle de son negoce étant ruinée, & son magazin comme on dit infertil ne produit que de la mousse ; il se promet d'estre Gentilhomme, & de pouvoir vivre de ses rentes, & donne titre de noblesse à ses enfans. Voilà le commencement de sa ruine.

La paresse, la vaine gloire, la superbe, l'avarice, le luxe, la gourmandise & la volupté sont les soldats de malheur, qui combattent les vertus de la bonne fortune.

Il y a d'autres Marchands qui n'abandonnent point leur negoce, au contraire ils le portent à l'extremité, ils

ils se jettent aveuglement aux hazards du gain, & ils se trouvent trompez, parce qu'ils n'ont pas eu assez de prudence, pour prevoir le danger qu'il y avoit de perir, & cét aveuglement leur a été causé par l'avarice, celuy-cy qui le perd n'est pas exempt de vanité; mais il est porté par une superbe brutale : la vanité ou la vaine gloire est de vouloir paroître ce qu'on n'est pas, vouloir paroître Gentilhomme & ne l'estre pas par naissance, c'est vanité; mais s'arroger toutes choses, pretendre d'avoir tout, & croyant d'avoir un courage sans égal, est le peché de superbe qui est produit par l'avarice : mais aussi la vertu & le vice la combattent : la tromperie que luy font ceux avec lesquels il a à faire; ceux qui le voyent extremement riche, soient étrangers ou domestiques, luy donnent du dessous : l'avarice est comme un feu allumé dans un quartier de ville, où tous les habitans accourent pour étoufer ce feu par ruine de maison, par eau, & d'autres pour dérober ce qui est mal gardé en en la ruine de ce feu ; Et ainſi un chacun accourt pour éteindre le feu de cette devorante avarice, valets, ſervantes, enfans, & quelquefois la femme même emporte quelque piece du bien de cét avare inſatiable, & ſappe les murailles de ſes propres deſſeins ; les étrangers l'abandonnent, & pretendent de ne luy rien devoir, & le deſeſpoir acheve l'entiere ruine.

Le luxe a deux faces, l'une eſt appellée la luxure & l'impureté, & l'autre la ſuperfluité de l'entretien en habits, en débauches de bouche à boire & à manger : la gule, dit le proverbe, en tuë plus dans la profonde paix, que le glaive dans la plus ſanglante guerre : une femme qui ſuit toutes les modes des habits, & des plus riches étofes, qui ſe pare plus ſuperbement qu'une Princeſſe, coiffée de cornettes de plus grand prix, ſurcoiffée de taffetat de Tour, les oreilles parées & enrichies d'agneaux d'or à y pendre des perles quand il luy plaira, des mouchoirs de col de poind de Veniſe, des robbes, des Juppes & des manteaux d'or d'or & d'argent garnis de guipure, de broderie: sont les vétemens que le luxe fournit, dont la dépense va au prix de la plus grãde partie des étofes que ce Marchand a dans son magazin; le jeu vient apres dont la caisse porte le fond : & si avec cela le mary fait des festins, & est infidele à sa femme, tout perit.

Jl y a tantôt cinquante ans que je suis dans Lyon où j'ay veu de grandes banqueroutes, il y en a qu'on a excusé, & je veux croire aussi qu'elles étoient excusables, & que ceux qui les ont faites n'ont pas manquez par le vice que je viens de décrire; mais j'en ay veu seulement trois qui ont été extremement sales, l'une par la superbe d'un Marchand, lequel ayant logé deux de ses filles dans un Convent, donné à chacune quatre mil francs pour leur reception, qu'il ne compta pas; mais que le Convent luy laissa, avec une plus grande somme de la reception d'autres filles pour en profiter, & il arriva que ce Marchand venant à mourir se trouva insolvable, & ce Convent perdit ce qu'il qu'il luy avoit laiſſé entre ſes mains. On ne reconnu en cette banqueroute que la ſuperbe ; mais je la trouve ſale en ce que ce pere trahit ſes filles, qui fuſſent allées à l Hôpital à cauſe de ſa trahiſon , ſi Dieu n'eût ſuſcité des perſonnes charitables pour aſſiſter ce Convent & ces deux filles.

Mais j'en trouve deux ſales , & d'autres extremement injuſtes ; les deux ſales conſiſtent en ce que deux jeunes hommes negocians ont fait banqueroute , l'un de dix-huit cens mil livres , en laquelle on ne voit clairement que débauches de boire , de manger , des jeux & impuretez : Et l'autre de même , non pas de ſi grande ſomme.

Celles qui ont été faites par larrecin ſont reconnuës en ceux qui durãt tout leur negoce n'ont eu autre empreſſement que d'amaſſer de l'argent, & en ayant leurs pleins coffres ſe ſont enfuis chez les Heretiques & Huguenots , pour éviter d'eſtre punis.

Il eſt vray qu'on peut excuſer Lyon de ces deſordres : mais la nature ne s'en peut defendre , les loups ſe

trouvent

trouvent dans le pâturage des brebis & des agneaux ; la rose qui est si belle, si douce en ses odeurs, & si propre pour les remedes qui servent à la santé, nourrit au milieu de ses fleurs un insecte venimeux qui gàte par son venin le nez de celuy qui la flaire.

Je conclus par les remarques de ces banqueroutes, que ceux qui sont zelez à conserver les graces des ames chrétiennes, ou de les faire revenir à la repentance de leurs pechez, feroient bien mieux de prescher & d'écrire contre ces maux que commettent ces Negocians infideles, pour les en corriger, & publier la vertu & la fidelité de ceux qui rendent la justice, qui font la gloire & l'honneur de la Ville.

Mais aussi il est constant que ce n'est pas d'avoir prêté à ces banqueroutiers de l'argent à profit qu'ils ont fait banqueroute, puisque celuy-là qui a mangé dix-huit cens mil livres a emporté avec luy le capital & le profit, s'il avoit sceu garder ces dix-huit cens mil frans, il eut manifestement

ſtement montré, n'ayant pas ces biens là de ſon patrimoine, que le profit qu'il avoit fait en cét argent prêté, ſurpaſſoit de beaucoup le profit qu'il rendoit à ceux qui luy avoient prêté. Eſt-il poſſible qu'il y ait quelqu'eſprit ſi extravagant de condamner d'Vſure damnable en ce cas là, celuy qui a prêté ſon argent à ces banqueroutiers, puiſque tout le profit de ce prêt, & le principal même luy eſt advenu & luy eſt demeuré. Ne vaut-il pas mieux condamner celuy qui a ſi mal usé de ce preſt (qui luy étoit ſi avantageux) pour ſa gourmandiſe & ſes débauches, que non pas ceux qui ont donné tout cét argent à profit.

Quoy que tous ces deſordres procedent de la nature de l'homme, qui eſt ſujet à varier, & qu'étant deſtitué de la vertu il tombe facilement dans le defaut du vice ; cela ne fait pas neanmoins que toutes les aſſemblées des Negocians dans Lyon qui ont été & ſont, n'ayent des hommes ſages, de foy inviolable & d'un courage invincible pour ſubſiſter aprés ce deſordre de banqueroutes, y étant

étant les plus interessés, parce qu'ils y perdent davantage; & on doit cette honnorable recommandation à leur vertu, qu'ils ont subsisté & soûtenu courageusement le travail du negoce.

CHAPITRE IX.

De l'antiquité du negoce de Lyon.

PUisque le sujet de nôtre dessein, ou la matiere de laquelle nous écrivons, est l'argent qu'on donne à profit dans la ville de Lyon, & que ce profit est innocent & épuré du peché d'Vsure, comme nous avons tâché de prouver jusques icy. Nous avons jugé à propos de rechercher l'antiquité du negoce qui se fait dans la même Ville, & faire voir dans cette Chronologie qu'il y a eu toûjours en cette Ville un grand negoce & abord des Negocians, lesquels n'ont jamais esté repris d'Vsure, quoy qu'il s'y soit tenu des Conciles generaux dont l'Aſſemblée étoit compoſée de trois cens Eveſques & autres Prelats de l'Egliſe, en tout juſques à mille : S. Irenée y a veu ces negoces & ces foires : il y a eu des Archeveſques de Lyon doctes, ſçavans, & reverez comme Saints, les derniers ont été auſſi doctes, Monſieur le Cardinal de Marcquemont eſt en eſtime de ſainteté, étant Archeveſque de Lyon n'a jamais rien trouvé à redire ſur la façon de negocier des Marchands, & il en étoit bien inſtruit.

Bien que ce nous ſoit aſſez de dire & reconnoître que le negoce a été grand aprés la Naiſſance de JESUS-CHRIST, neanmoins nous pouvons aller plus avant, & dire que la ville de Lyon étoit frequentée par des Negocians avant ſa Naiſſance : l'on dit bien que Minutius Plancus fut le fondateur de cette Ville, mais les ſentimens de ceux là ſont plus probables, qui écrivent qu'il n'en fut que le reſtaurateur, par ce qu'elle avoit été ruinée ; car Strabon qui vivoit du temps d'Auguſte fait mention des foires qui étoient tenuës

tenuës dans Lyon ; non pas ſeulement du temps d'Auguſte, mais auparavant, lors que la Ville n'avoit autre nom que de l'Iſle, & on peut confirmer cette verité par la montagne qu'on appelle de Fourviere, laquelle eſt dite en Latin *forum boarium*, & en François le marché aux bœufs, qui y eſtoit tenu lorſque Lyon n'étoit pas entouré de murailles, non pas ſeulement pour les bœufs, mais encore pour les pourceaux & autres beſtes qu'on amene aux foires: & ce qui confirme cette verité, eſt que nous voyons que le marché aux pourceaux qui ſe tient en cette montagne maintenant, n'eſt pas au même lieu où il étoit lors que la Ville étoit ſans murailles ; mais qu'étant fermée, & la porte par laquelle on entre dans la Ville, n'étant pas à l'endroit qu'on appelle encor aujourd'huy Fourviere, les beſtes qu'on y meine s'arreſtent plus bas qu'elle n'étoit au temps que la Ville étoit déclauſe, & pour les bœufs les Bouchers de la Ville y ont pourveu allant aux foires & marchez des lieux circonvoisins, pour achepter & en amener dans la Ville par leur diligence, sans que d'autres Marchands s'en mêlent.

Mais revenons, nous nous amusons trop dans cette parenthese, & disons que le negoce étoit dans Lyon auparavant le temps qu'il n'étoit nommé ny appellé autre chose que l'Isle: que les Lyonnois y negocioiēt, puis qu'il y avoit des foires, neanmoins aucun Auteur ne s'est advisé que les Lyonnois fussent tachez d'avarice comme la sainte Escriture dit des Juifs, portez à cause de ce peché à faire des Vsures, ce qui meut la divine Justice à leur defendre ce peché.

Lyon donc dés qu'elle n'étoit que l'Isle, est estimée par les Auteurs que nous avons cy-dessus nommé comme une Ville florissante, il y avoit des grandes foires qui duroient long-temps, les Romains y avoient correspondance, & toutes les Provinces étrangeres & circonvoisines, & particulierement toutes les Gaules, d'où il arriva que la partie des mêmes Gaules qui étoit appellée

Celti

Celtique & les peuples auſſi Celtes fut baptiſée par honneur la Gaule Lyonnoiſe : Or je fais icy une demonſtration pour mõtrer que l'avarice ne regnoit pas dans Lyon, parce qu'on ne voit point cette reyne de tous les malheurs dans les lieux qui ſont pleins de bien & de richeſſes, chacun y en acquiert paiſiblement pour ſe contenter : mais elle gouverne là où il y a diſette, dans les lieux qui ne ſont pas bien habitez : C'eſt là où elle commande & rend ceux qui y reſident aſpres comme des chiens maigres à la curée.

Concluons 1. Que Lyon n'a jamais été addonné à l'avarice, donc il n'a jamais été taché du peché d'Vſure.

Concluons 2. Que ſi tant de grands Perſonnages, ſaints, doctes & craignans Dieu, qui ont tenu des Conciles generaux & particuliers dans la ville de Lyon, depuis qu'elle a receu la grace du Chriſtianiſme, n'ont pas reconnu que dans le maniement de l'or & de l'argent qui s'y pratiquoit étoit taché d'Vſure, c'eſt qu'elle n'y étoit pas, ou bien qu'ils ne l'ont pas veu, ou n'en ont pas été avertis, ou bien ils ont crû qu'elle n'étoit pas damnable ; or eſt-il que ce ſeroit une choſe ridicule de dire qu'elle y étoit, & que tous ces grands Perſonnages ne s'en ſont pas aviſez, ou n'en ont pas été avertis ; donc ils ne l'ont pas veu, parce qu'elle n'y étoit point ; or eſt-il encor que les Negocians y trafiquoient en argent, comme ils trafiquent aujourd'huy, donc s'il n'y en avoit pas en ce temps-là, il n'y en a point auſſi maintenant.

CHAPITRE X.

Des Docteurs qui ont été & qui ſont dans la ville de Lyon.

LES quatre Convens de Jacobins, Auguſtins, Cordeliers & Carmes ont eu toûjours, & ont encor de Docteurs de Sorbone ; les autres Convens ont auſſi des Docteurs doctes, ſçavans & bons Caſuiſtes, quoy

quoy qu'ils ſoient differens en opinion ſur les matieres problematiques, qui neanmoins ne choquent point la foy, ils ſont tous d'accord avec ſaint Thomas pour la matiere de l'Vſure, & pour tous les cas de conſcience qu'ils doivent ſçavoir, ils en preſchent & en pratiquent la doctrine dans leurs Confeſſionnaux, tous en ayant dans leur Eſgliſe. Dans les montagnes de Lyon & dans le plain, il y a quatre ou cinq mil Marchands & grand nombre de Religieuſes que ces Docteurs confeſſent, & on n'en trouve pas aucun, ny on n'en a reconnu juſques icy qui ayent trouvé à redire, ny aucun qui ſe ſoit plaint de ce qu'on le mettoit en ſcrupule ſur ce prêt à profit : & j'oſerois dire qu'on n'en a oüi qu'un qui ait formé le ſcrupule dans l'ame de quelques eſprits foibles pour cela.

Et afin d'en avoir des inſtructions écrivant ſur cette matiere; j'ay eſté voir les Marchands qui s'aſſemblent tous les jours au lieu que nous avons appellé cy-deſſus le Change, pour apprendre d'eux la façon de leur negoce, & particulierement pour cette fidelité de n'avoir autre aſſeurance entre eux, que de ſimples memoires écrits dans leurs livres particuliers, portant le nom, la ſomme & les marchandiſes qu'ils ſe doivent l'un & l'autre, ſans être ſignez d'eux, ny ſtipulez par des Notaires & témoins; leur ayant demandé s'ils ne craignoient pas de perdre ce qui leur eſt deub, leur debte ſemblant eſtre ſi mal aſſeurée, ils on dit que non, au contraire m'ont-ils répondu, ſi quelqu'un s'étoit obligé par main de Notaire, on le croiroit inſolvable & ſeroit ſans credit.

Je leur ay demandé s'ils ne ſe perſuadoient pas de cõmettre l'Vſure, de donner & recevoir de l'argent à profit; ils ont été partagez à me répondre, les uns m'ont dit ſimplement qu'ils ne penſoient pas de faire injure de prêter de l'argent à un qui en avoit beſoin pour ſubſiſter eu ſon negoce: les autres m'ont dit qu'il n'y avoit point d'Vſure en prenant un profit mediocre; mais qu'il n'étoit pas bien fait de trop prẽdre de quelques petits

Mar

chands qui en seroient incommodez : Messieurs, leur ay-je dit, si l'on entend ceux qui condamnent de prêter à profit, qu'ils appellent Vsure, ils diront que vous estes Vsuriers, prenant peu ou beaucoup. Et bien ont-ils répondu qu'on dise ce qu'on voudra, voilà nos sentimens ; & parce qu'il y en avoit un qui répondoit avec plus d'assurance : pour moy, dit-il, je n'ay jamais receu en prêt autre profit que celuy qui est ordonné par les loix : mais si un Confesseur vous disoit vous faites mal ; il me répondit, j'en feray comme j'ay fait, & si ce Confesseur ne me vouloit point entendre, j'irois à un autre.

Vn troisiéme parla plus raisonnablement, & me demanda qu'est-ce que Vsure ? l'Vsure luy di-je selon S. Thomas est de faire fructifier l'or & l'argent monnoyé, ce qui est contre sa nature, & partant contre la justice : car mettez dix mil écus en vôtre coffre & les y laissez dix ans, vous n'y trouverez à la fin de la dixiéme année que dix mil écus : Mais Monsieur ? je le rens fructueux en acheptant de marchandiſes. O bien en ce cas là vôtre argent eſt fructueux, & ſi vous le prêtiez ſans avoir dequoy achepter, alors vous pouvez prẽdre le profit que vôtre argent vous pourroit rendre en acheptant des marchandiſes. J'arreſtay ſon eſprit par cette inſtruction qui me donna le loiſir de l'inſtruire paiſiblement en ce qui étoit de l'Vſure : enfin il ſe ſepara de moy en me diſant qu'un de ſes amis avoit cent mil écus dans ſon coffre, dequoy il negocioit & en prêtoit à profit à Lyon, & s'étant confeſſé de cela à un Curé de Paris, qui luy avoit dit que c'étoit une grande Vſure, & qu'il y alloit, s'il continuoit, de la perte du ſalut de ſon ame, qu'il s'en étoit abſtenu quelque temps, mais qu'il en avoit perdu le ſcrupule.

Voilà ce que j'appris de ces Meſſieurs, qui eſt cauſe que je conclus que tous les Docteurs & Caſuiſtes qui ſont dans cette Ville de Lyon, ſe perſuadant que les Negocians en icelle ſont bien inſtruis en ce qu'il faut ſçavoir du prêt à profit, ils ne ſe mettent

mettent pas en peine de leur en parler, & eux auſſi ne croyent pas de les devoir conſulter, puis qu'ils ſe pretendent innocents.

Je conclus 2. Qu'il eſt à propos de leurs en donner des nouvelles inſtructions, afin qu'ils évitent de tomber dans le ſcrupule de ceux qui veulent perſuader que tous les prêts à profit ſont uſuraires, & partant les Negocians de Lyon feront ſagement de conſulter les Docteurs qui leur ſont compatriotes, pour demeurer fermes dans leur bonne reſolution : étant veritable qu'il arrive tous les jours des cas ſur la matiere des Vſures, dans leſquels les Negocians particulierement dans Lyon pratiquent leurs negoces & leurs prêts ſans Vſure ſelon la doctrine de S. Thomas, & qu'il ſe pourra faire auſſi qu'ils feroient contre la doctrine de ce Grand & Angelique Docteur, ce qu'on ne peut pas connoître aux autres Villes, ny même dans Paris, parce que la neceſſité de l'argent n'y eſt pas ſi ordinaire, ny les façons de le donner.

CHAPITRE XI.

De l'argent des pupilles que les tuteurs donnent à profit.

JE ſçay bien qu'il n'y a perſonne qui n'apprehende d'eſtre chargé de la tutelle des enfans, parce que ou ils fourniſſent plus qu'ils ne reçoivent ou reçoivent plus qu'ils ne dépenſent, & pour cela il s'y paſſe beaucoup de choſes qui ne ſont pas à l'avantage des tuteurs ny des pupilles ny de la conſcience de ceux-là, & il arrive que quand il faut rendre compte, le même tuteur qui avoit traité ces enfans comme les ſiens propres, il ſe trouve qu'ils s'établiſſent ſes ennemis ; ces evenemens ſont ordinaires, lorſque l'hoyrie conſiſte en fonds & en immeubles, & qu'ils ſont chargez des debtes paſſives : mais lorſque l'hoyrie eſt en argent monnoyé, il ſemble que l'adminiſtration en eſt facile, ſi elle conſiſte, par exemple, à cent mil

mil francs comptans & en bource, il ne faut que les faire valoir, & il faut commencer dés le jour que les enfans ſont orphelins ; or il y a divers moyẽs pour faire valoir ces cent mil francs, on en peut achepter des fonds, on en peut achepter de marchandiſes, on les peut prêter & en retirer du profit : ſi on en achepte des fonds & qu'ils ne valent pas le profit de cent mil francs, les pupilles n'en voudront point, & ſe pourvoyront contre le tuteur qui les a achepté ; le tuteur même n'eſt pas Marchand, & partant n'étant pas capable de negocier : car il faut une addreſſe & ſcience particuliere, il ne peut ny ne doit en achepter de marchandiſe, & s'il eſt Marchand, il y a du danger que la marchandiſe des pupilles ne mãge celle de ſes tuteurs; il ſemble que cette marchandiſe des pupilles miſe avec celle des tuteurs, eſt ſemblable à la plume de l'aigle, laquelle meſlée avec d'autres les mange & les ruine ; car ſi le tuteur Marchand perit, s'il tombe en infortune, c'eſt à ſon ſeul deſavantage, il il faut qu'il réponde du bien de ſes pupilles, car on ſuppoſe qu'il n'a pas bien negocié, qu'il eſt cauſe de la perte, & qu'il en eſt reſponſable.

Jl eſt donc neceſſaire pour la plus ſeure adminiſtration de cette hoyrie, que ce Marchand donne l'argent de ſes pupilles à profit à quelqu'autre Marchand qui ſoit en effet conneu & ſolvable, & qu'il faſſe valoir l'argent de ſes pupilles à cinq pour cent ou davantage ſelon qu'il ſe peut faire, & en ce cas ſi le debiteur venoit à faire banqueroute, le tuteur peut dire qu'il n'en eſt pas reſponſable, puis qu'il n'a pas manqué de prudence pour le bien mettre, ny de diligence pour la conſervation du principal & du profit : tant y a que ce n'eſt pas par ſa faute que ce bien a perit, ce qu'on luy pourroit imputer s'il en avoit luy même negocié.

Ce tuteur eſt ſi rigoureuſement obligé à faire valoir le bien de ſes pupilles par les loix naturelles, humaine & divine, que s'il ne le faiſoit pas, la nature ne l'excuſeroit point, les hommes le condamneroient

roient à payer le profit qu'il auroit negligé, & Dieu le puniroit par la perte de ses biens. La nature veut que le tuteur qui est en la place du pere de ces pupilles, ait soin de leur bien comme leur pere même, les Ordonnances Royales le reglent ainsi : & selon l'Evangile, le pere de famille oste l'argent qu'il avoit donné à son sien sujet, parce qu'il ne l'avoit pas fait profiter, le donne à celuy qui avoit gagné au double, & fait mettre ce negligent dans des cachots.

Je rapporte icy toutes ces considerations, pource qui doit estre fait par les tuteurs en l'administration des biens de leurs pupilles, pour les defendre contre nos Zelez écrivains des Vsures, qui veulent que le tuteur ne puisse pas donner l'argent de ses pupilles à profit sans estre coupable du peché d'Vsure ; car je dis, la nature, les hommes & Dieu même obligent les tuteurs à faire le profit de leurs pupilles, & taisant la nature & ce que Dieu peut faire, les hommes les y obligent si religieusement que s'ils negligent de faire le profit de ceux

ceux deſquels ils ont l'adminiſtration, il faut qu'ils le faſſent du leur propre : cent mil livres valent cinq mil livres de rente : voilà ce qu'il faut qui entre dans ſa recepte ; il a laiſſé ces cent mil livres dans ſa caiſſe & ne donne pas les cinq mil livres, alors on le condamne de les payer de ſon propre bien ; car pourquoy eſt-ce qu'il n'a pas prêté ſon argent à profit ? c'eſt par ce que dit le Zelé il auroit commis Vſure. Mais, dira le tuteur, ſi je n'euſſe pas fait profiter l'argent de mes pupilles, il falloit que je les nourriſſe de leur argent ou du mien, il n'étoit pas raiſonnable que ce fût du mien, il falloit donc que ce fût du leur ; les enfans qui ont cent mil francs vallant, ne peuvent pas eſtre nourris ny vétus comme ceux qui n'ont que quelques petits fonds qui ne vallent pas ſix écus de rente, leurs dépenſes donc de bouche, d'habit, d'inſtruction coûtent beaucoup, qui payera cela ? Faut avoüer donc qu'il y a de la perte, & pour les pupilles, & d'ailleur pour le tuteur qui ſera reſponſable de cinq

mil

mil livres par an, qui monteront dans vingt ans cent mil livres, & si les pupilles dépensent deux cens cinquante livres par an, ils en auront mangé cinquante mil dans ce même temps. Pour moy je ne sçay où je suis quand j'entend parler d'une pareille police ou æconomie, qui veut condamner la loy qui permet de donner de l'argent à profit pour vivre & pour subsister, & que ce profit manquant on perit, & plus cruellement que ne fait un debiteur lors qu'il est oppressé par l'Usure; quels échapatoires trouveront ces Zelez ? quelle politique nous prescriront-ils qui puisse estre receuë par des gens d'honneur & raisonnables, pour moy je n'en vois point; & partant

Je conclus qu'il faut rejetter saint Thomas & toutes les loix les plus justes & les plus naturelles, si je ne puis prêter de l'argent à profit: parce que ne le prêtant pas il en arrive indubitablement ma ruine, l'argent merite profit, & il m'arrive du dommage de ce que je donne sans profit, donc m'en arrivant du dommage, le le prêt eſt excuſé par la nature, & par les loix divine & humaine.

Je conclus 2. Que le tuteur peut & doit faire profiter l'argent de ſes pupilles en la façon qu'il croira être la meilleure : mais ſi des moyens qu'il a de le faire profiter, il en arrive de la perte, il n'eſt pas tenu de les ſuivre, parce qu'il ne doit rien faire à ſon dommage ny au dommage de ſes pupilles, & ſi de le donner à profit eſt plus aſſeuré & plus grand, & pour luy & pour ſes pupilles, il le peut pratiquer ſans peché & ſans Vſure.

Et ſi on m'oppoſe que l'argent peut perir par une banqueroute, l'on change de theſe, ce cas eſt different de l'Vſure, & on peut répondre que ſi l'argent prêté par le tuteur & compté de ſes mains à un Marchand qui en negocie, & qui fait banqueroute, la perte en doit eſtre imputée aux pupilles mêmes, comme s'ils avoient donné cét argent par leurs propres mains, bien qu'ils ne ſoient pas cauſe de cette perte, mais le tuteur ne l'eſt pas auſſi, & s'il l'étoit, ſeroit un differend à decider dont la conſidera ſideration de l'Vſure ne ſerviroit de rien.

CHAPITRE XII.

Des Religieux & Religieuſes qui donnent l'argent à profit.

LYon eſt ſemblable à un grand verger plein de bons & beaux fruits, ſans clôture où tous les paſſants en prennent comme ils peuvent attirez par la bonté & la beauté des mêmes fruits, ainſi Lyon étant un lieu de negoce, & où l'on manie tant d'argent qui profite, tout le monde en veut avoir Religieux, Religieuſes, & particulierement les nouvelles ou celles qui ſont nouvellement dans cette grande, belle & riche Ville : Celles-icy n'ayant autre bien que l'argent qu'on leur apporte pour le dot ou entretien des filles qu'elles reçoivent, elles ne peuvent vivre d'autre choſe que de cét argent qui leur eſt apporté, elles en font bâtir

tir de nouvelles maisons aussi regulierement qu'elles peuvent, les adjancent & accompagnent de jardins & de meubles, ont soin de faire des Eglises, des Chapelles, les meubler d'ornemens d'argenterie & d'étofes precieuses, de linge, de tabernacles, de peinture, de doreure ; & aprés avoir fait une notable dépense, il s'offre incontinent l'entretien des Religieuses, de celles du chœur & des Sœurs laïes, qui ne portent que le service qu'elles peuvent rendre comme servantes qui ne sortent jamais, & s'il en faut de celles qui sortent, il les faut nourrir, vétir & gager : il faut un Confesseur Chappelain à qui on doit l'entretien & apointement : tout cela supputé selon le nombre, selon la qualité des Religieuses, les Constitutions de l'Ordre, & les autres dépenses qu'il convient faire plus grandes, à cause qu'on est dans la ville de Lyon, où on a de visites frequentes des personnes de condition & de mine, la dépense qu'il faut faire : l'argent que les premieres Religieuses y ont apporté, se trouve

trouve employé nonobstant d'autres secours, qui sont arrivez à ces bonnes Religieuses par la grace de Dieu, qui a suscité des persõnes charitables pour les secourir : il faut donc que d'autres Religieuses se presentent & portent leur dot, lequel d'orenavant doit servir à la nourriture de ce qui est du Convent & des filles qui le composent ; cette somme de l'argent receuë n'est pas de grand profit, & peut-estre ne peut-elle pas suffir pour l'entretien du Convent ; j'implore donc la providence de nos Zelez, que feront ces Filles de cét argent? ils répondront, elles l'employeront à achepter des fonds : & nous leur opposerons que ce n'est pas augmenter le profit ; au contraire, que ce n'est pas seulement diminuër le temporel, mais encore qu'il y a du danger de perdre le spirituel & augmenter les dépenses, parce que les maisons des champs & les fonds veulent grangers, œconomes, gens affidez pour voir le Laboureur & le labourage, des maisons particulieres pour ceux qui y vont loger, pour s'en donner

donner garde, desquels les Superieures ayant raison de se défier le plus souvent, il faudra y envoyer des Filles du Convent, où elles trouveront des precipices à y tomber, & en rapportant l'état au vray des fonds & des fruits à leur Superieure, s'entretiendront aprés cela avec les autres Religieuses, des belles rencontres qu'elles ont fait des personnes & autres choses, qui ne serviront pas pour faire des oraisons mentales, on a veu cela, & je l'ay veu il n'y a pas long-temps; ils diront, elles ont un homme d'Eglise, il l'y faut envoyer, il y a un bon lict dans la maison, il faut que quelqu'un y appreste son dîner & luy fasse son lict: luy se proméne le bâton à la main, & s'établit à la fin en la qualité de Gentilhomme: je ne veux pas parler des autres abus qui tachent cette œconomie, je veux dire seulement que si ce Prêtre là est bon & excellent pour le gouvernement des biens des champs, des personnes & du bêtail. Il est en danger de ne rien valoir pour la conduite des ames religieuses.

Saint Ignace martyre écrivant à un Evesque de ses amis, & luy recommandant le soin des Religieuses qui étoient sous sa conduite, sa recommendation est divine, disant *custodi virginem tanquam sacramentum*, ayez soin de vos Religieuses comme du Sacrement, c'est à dire du Corps du Fils de Dieu, que nous adorons dans la Sainte Eucharistie, un Corps qui est réellement & qui ne paroît pas, qui a des yeux, & qui ne voit point les choses terrestres du monde, qui a des mains & ne manie point de choses profanes; ainsi la Religieuse demeure cachée dans son Convent, & ne regarde rien que pour adorer Dieu, & ne fasse rien que pour son saint service : peut-on s'asseurer qu'un Prestre qui a pris l'air des champs puisse bien servir les Religieuses en cette divine conduite ?

On opposera, on voit que les Peres Chartreux envoyent de leurs Religieux Freres lais en leurs granges, & de même d'autres Religieux, je ne répond pas pour les autres, mais pour les Chartreux, je croy que la con duite en eſt bonne, parce que leur Ordre même eſt étably dans la campagne, & conſiſte en meditations & en prieres mentales, & pour les Freres lais qui n'ont point d'office à dire, qui n'ont que leur chapelet; toutes les plus étenduës campagnes leur ſont des hermitages, leur chapelet eſt leur bâton pour s'appuyer, & la croix qui y eſt attachée, pour ſe defendre des tentations du corps & de l'ame qui les pourroit attaquer par le miniſtere des hommes & des diables, ſont leur defenſe contre le peché, & font à leurs graces pour la cõſervation de leurs vœux : auſſi voit-on ceux là ſi bien aſſiſtez par les graces, qu'on n'entend jamais de médiſance, & le Payſan qui ne cache rien, n'a rien à redire à ce qu'ils font.

Sortons donc, & nous mettons en defenſe contre nos Zelez, leſquels attaquant ces pauvres Religieuſes des nouveaux Convens de Lyon, qui ne ſont pas rentez, les enterrent dans l'Enfer toutes vivantes, quand ils leur repreſentent que mettant leur argent à profit entre les mains des

Mar

Marchands, elles sont coupables de l'infame & damnable peché de l'Vsure : Ces Filles sont des ames timorées qui craignent Dieu ; mais il faut craindre ce qu'elles doivent craindre, & leur faire entendre comment elles se doivent tenir en paix en leur economie.

Disons 1. Les Religieuses doivent vivre pour la nourriture & entretien corporel, beaucoup plus honnestement & frugallement que les Seculiers, parce qu'en cela la seule abondance corrompt la chair, & la chair opprime l'ame : il ne faut pas donc qu'elles pretendent de faire un grand amas de richesses pour vivre plus largement que les Seculiers, le jeûne & les abstinences que les Constitutions de leur Ordre ordonnent es y obligent, & ces mêmes Constitutions me servent d'argument pour montrer cette verité.

Nous concluons 2. Qu'encore bien, que le bien des champs ou les constitutions de rentes les peuvent entretenir, neanmoins, il en arrive tres-probablement les abus dont j'ay parlé cy-deſſus, & pour cela j'ay veu des Filles qui avoient achepté un domaine, qui ont été bien aiſes de s'en defaire; & l'ont revendu (je croy même) à perte de prix, & je croy qu'il y en a d'autres qui en ont qui en voudroient être déchargées, non pas ſeulement pour les raiſons que j'ay cy-deſſus deduit, mais encore pour les ſuivantes.

La 1. Parce que tous les fonds qui ſont au tour de Lyon étant entre les mains des bourgeois qui y ont bâty de belles maiſons, & que d'autres achepteroient volontiers, ſont miſes à trop haut prix, car on y voit des bâtimens qui coûtent beaucoup, & deſquels les Religieuſes n'ont pas beſoin, leur ſuffiſant d'avoir de bons fonds, & une grange ſous un ſeul couvert qui puiſſe loger le bétail & le granger; or les Religieuſes ne peuvent pas achepter à ſi haut prix.

2. Les fonds ſeuls ſont ſi muguetez par les Bourgeois, que le Payſan ne leur veut pas vendre pour le quadruple de ce qu'ils vallent, ils ne les donneront donc pas aux Religieu

gieuſes pour l'amour de Dieu.

3. Les Païſans mangent tout le profit de leur grange, & font gloire de le manger, ſi leur bien conſiſte en vigne, ils vendangeront de nuit deux jours auparavant la publication des vendanges, ſi en bois ou en prairies, ils fauchent l'herbe & coupent les arbres, & ont des charettes pour les aller vendre à leur profit, à l'inſceu des Religieuſes, parce qu'elles n'ont perſonne pour y prendre garde : Et encore les biens des champs ne ſont que pour les anciens Convents rentez, comme les rentes ſubſiſtent toûjours nonobſtant qu'on y faſſe des voleries comme il s'y en fait.

Enfin nos Zelez diſent que la conſtitution de rente eſt uſuraire, & pourquoy ? parce que, diſent-ils, l'argent qui eſt donné à celuy qui fait la conſtitution n'eſt pas plus fructifiant que celuy qu'on prête à un Marchand, pourquoy eſt-ce que celuy-cy le ſera ſi l'autre ne l'eſt point ? Et nous diſons encor que la conſtitution de rente eſt prejudiciable ouvertement aux Filles Religieuſes, parce que quelqu'affaire leur pourroit arriver de perte ou d'autre chose, à laquelle pour remedier elles n'auroient pas de l'argent s'en étant desaisies, & outre cela les constitutions de rente qui ne se font que sur des personnes riches en fonds, en domaine, leur sont si surchargeätes que ceux qui les ont stipulées gemissent tous les jours sous la tyrannie de leur obligation, sont tardifs à payer, & pressés pour d'autres affaires avec celles-là, l'on voit de grands domaines mis en decret, & les constitutions de rente perduës si elles sont les dernieres en hypotheque : ce qui n'arrive pas de l'argent prêté à un Marchand, parce qu'on en retire du profit de temps en temps à jour nommé, les Religieuses ont pouvoir d'apprendre l'état des affaires de leurs debiteurs, & de s'en garentir si elles sont mauvaises. J'adjoûteray volontiers que si quelqu'un peut-estre estimé innocent en cette matiere de prêter à profit, ce sont des Filles Religieuses qui ne prêtent leur argent ny en reçoivent le profit, que pour vivre plus commodement,

&

& plus paiſiblement dans l'oraiſon, dans les examens de leur conſcience, dans la meditation des choſes divines; diſons en un mot qui ne vivent dans le monde que comme des Anges par leur devotion, & qui ne veulent avoir autre choſe pour le temporel que ce qui leur fait beſoin pour faire ſubſiſter le corps, afin qu'il ſoit capable de ſubvenir aux exercices de leur Ordre, étant toûjours dans le deſir d'en eſtre détachées, comme ſouhaittoit S. Paul, *cupio diſſolvi & eſſe cum Chriſto.*

Concluons donc que les Religieuſes ne peuvent eſtre coupables du peché d'Vſure, puiſque prêtant à profit elles courent riſque de perdre le principal & le profit, que ce prêt étant legitime dans Lyon ſelon les loix des Superieurs, il ne les rend pas criminelles, & que le donnant autrement elles perdroient de leur legitime profit, & le dommage qui leur arriveroit, tant à cauſe des diminutions des revenus, des fonds ou domaine, & de la perte de leurs conſtitutions de rente, & pour la paix

& le repos de corps & d'esprit, qui leur est necessaire en leurs devotions, il est juste qu'elles trouvent & retirent du profit de ce qu'elles ont, à temps & paisiblement.

CHAPITRE XIII.

Si les servantes & les hommes riches peuvent dans Lyon faire profiter leur argent.

POur les servantes, je diray briefvement & raisonnablement, que ce sont de pauvres filles qui viennent soûmettre leur liberté, leur esprit, leur faculté de travailler sous la domination d'une maîtresse, la liberté qui leur est naturellement duë aussi bien qu'à leur maîtresse, est remise entre les mains de la même maîtresse: elle peut en sortir quand elle veut; mais elle ne gagne rien étant sortie, & croupira toûjours dans la pauvreté si elle ne sert; elle a du courage, elle

elle sert six, dix & davantage d'années, & dans le milieu de ses services a gaigné cinquante écus ou deux cens livres, & continuant de servir elle voudroit mettre ces deux cens livres à profit, afin d'avoir à la fin de son service, ou lors qu'elle sera en état d'estre mariée la somme de cinq cens livres, qui luy serviroit pour trouver un honneste party, elle est sage & vertueuse, avec cela & avec son peu de bien elle pourra vivre en repos le reste de sa vie, prevoyant que si elle ne fait valoir ces deux cens livres, sa servitude sera plus longue, puis qu'elle n'aura pas le moyen de trouver ce party : Elle baille ses deux cens livres à un Marchand pour les faire profiter, le Marchand les prend & luy en promet le profit, non pas tant pour le gain qu'il y fait que par charité : car qu'est-ce que deux cens francs dans la caisse de ce Marchand, que comme un grain de millet dans une bote de foin ? nos Zelez l'accuseront-ils pour cela ? Non, & je conclus pour ce cas icy, que les servantes ne commettent point Vsure, veu le peu d'argent qu'elles donnent à profit, & que ce profit leur eſt plûtôt donné par charité que par obligations contraignantes; je ne les accuſe point, car j'ay pitié des pauvres.

Mais un homme riche qui a cent mil écus dans ſon coffre, ſoit Gentilhomme ou autre vivant de ſes rentes, & qui vit abondamment & richement de ſes biens & de ſes rentes, il en faut faire les ſuivantes conſiderations.

1. S'il étoit en état de marier ſa fille, à laquelle il donne cent mil écus de mariage, ou s'il ſe preſente un Office qui peut le mettre en honneur; car encore bien qu'outre les cent mil écus qu'il a dans ſon coffre, il ait des rentes, de revenus de ſes autres biens, neanmoins je ne vois pas qu'il ſoit obligé de ſe defaire de ces cent mil écus de ſurabondance. Car dans l'occaſion de marier ſa fille il perdroit donnant ſon argent, le rencontre d'une grande alliance, & moins en eſt-il tenu s'il perd l'occaſion d'un office honorable ou d'une

terre

terre ſeigneuriale, qui luy eſt preſentée, ſi bien qu'en ce cas là il n'eſt pas coupable d'Vſure, s'il prend du profit de ces cent mil écus, perdant l'acquiſition d'un Office, du mariage ou d'une terre.

2. S'il ſe preſente un grand & riche Marchand & eſtimé tel, lequel à cauſe de l'infortune qui luy eſt arrivé perdra ſes effets ſi on ne l'aſſiſte de cent mil écus : il s'adreſſe à ce Gentilhomme, le prie de les luy prêter, en luy faiſant voir que par ce ſecours il aſſeurera ſes effets, & augmentera ſes richeſſes de dix ou douze mil écus ; qu'étant venu au deſſus de ſes affaires & fait ce profit de ces dix ou douze mil écus, il le fera participant de ce profit : Je ne vois pas encore en ce cas là aucune fineſſe ny Vſure pâliée, je n'y voit autre choſe, ſi ce n'eſt, que le Marchand negociant qui prend cent mil écus d'un qui n'eſt pas Marchand, mais qui l'aſſocie pour ce ſujet comme Marchand pour gaigner ces dix ou douze mil écus, dont il veut faire le profit avec luy.

Et si l'õ m'oppose que ce Gentilhõme n'est pas Marchand ny negocian, je répond qu'il l'est pour ce sujet, bien qu'il ne veüille pas continuër le negoce, il l'est pour ce rencontre icy, qui est appellé *bona fortuna.*

3. Vn Banquier s'addresse à ce Gentilhomme qui luy dit, Monsieur, je va faire banqueroute si je ne trouve cent mil écus, ma profession est de faire valoir l'argent plus ou moins selon les rencontres; l'argent entre mes mains est marchandise, je le puis vendre & achepter à prix d'argent, vous avez cent mil écus, s'il vous plaît de me les prêter, je vous en payeray comme me paye celuy à qui j'en fais donner à Rome pour celuy qu'il m'a payé à Lyon. Je ne vois point aussi que ce Gentilhomme ne puisse negocier de même façon que fait le Banquier, parce qu'en ce cas son argent est changé en marchandise qui vaut plus ou moins.

4. Si ce Gentilhomme icy entre en societé avec les Marchands, & leur prête son argent pour profiter: Certainement il en peut retirer du

du profit auſſi bien que les Marchands mêmes, ainſi que nous avons remarqué cy-deſſus en la doctrine de S. Thomas, & n'importe qu'il ait des revenus outre ces cent mil écus pour pouvoir vivre avec ſa famille, pouvant augmenter ſes richeſſes, comme font les autres Marchands : ſurquoy il faut remarquer ce que je va rapporter.

Vn Marchand de Paris, fils d'un Pelletier, né en la paroiſſe de ſainte Opportune, que j'ay connu fort familierement dans le temps même où il étoit devenu riche, & duquel j'avois eu connoiſſance auparavant; me dit un jour, n'admirez vous pas que j'aye acquis tant de richeſſes? Oüy en effet je l'admire, mais comment avez vous fait? Mon amy, dit-il, dés que je fus mis en apprentiſſage de Marchand, je conçus un grand deſir de me faire riche, & plus grand lors que je fus ſorty d'apprentiſſage, & mon deſir me preſſant toûjours, je travaillay & negociay en tout ce que j'ay pû connoître du gain, ſi bien que je ſuis arrivé là où vous me voyez, & je ne m'arreſte pas encore; en effet il travailla de telle façon, qu'il ſe vid riche de ſeize cens mil livres de rente, qui n'eſt pas une petite merveille, puis qu'il y a des Princes Souverains en Italie qui n'ont pas tant de bien; & ſe trouva en tel honneur, qu'un Gouverneur de Province, lequel l'avoit vû Facteur de boutique dans la ville de ſon gouvernement, luy donnoit le pas, le recevant chez luy. On a neanmoins vû en France des perſonnes d'Egliſe encore beaucoup plus riches que cela. Je fais cette remarque & rapporte ces exemples, pour dire qu'il ſe trouve des hommes leſquels ont plus d'inclination à devenir grands par les richeſſes que d'autres : que s'il y a quelque peché, j'en laiſſe la recherche à nos Caſuiſtes Zelez, ſans toutefois que j'y puiſſe trouver le peché de l'Vſure.

Revenons au ſujet de nôtre Gentilhomme cy-deſſus propoſé.

Ce Gentilhomme qui a cent mil écus en bourse, entre en ſocieté avec des Marchands ou autres Negocians, &

& tâche de gaigner justement en tout ce qu'il trouvera, il ne commet pas pour cela le peché de l'Vsure, encore qu'il gaigne beaucoup & qu'il ait d autres biens.

Mais on fait une difficulté si ce Gentilhomme icy ou autre ayant Titre de noblesse, negocie avec les Marchands, ne fait pas injure à sa noblesse.

Resp. Non pas en la Duché de Florence, parce qu'il y est permis aux Gentilhommes de trafiquer en marchandise, mais en France il n'en est pas de même. Que faut-il donc faire en France? il faut negocier donnant son argent & taire sa qualité; le peut-il? Pourquoy non. Qu'en disent nos Casuistes? Y a t-il quelque peché en cela à leur semble voir? Je n'y en vois point, & cependant qu'ils le rechercheront s'ils craignent qu'il y en ait.

Je conclus, que ce Gentilhomme icy ou Noble, ayant cent mil écus en bource ou davantage, peut les faire valoir nonobstant que ses revenus soient capables de le nourir & sa famille

mille, pour devenir plus riche, & pour luy & pour ſes enfans, autant qu'il pourra & autant qu'il vivra, ſans qu'on le puiſſe condamner de quelque peché ny même d'avarice, & je le prouve ainſi.

L'avarice n'eſt point criminelle qu'en tant que l'avare amaſſe richeſſes ſur richeſſes par voyes injuſtes, ſans en faire jamais aucune bonne œuvre. Voilà pourquoy ſi celuy que je dis n'en eſtre point coupable fait de bonnes œuvres comme il le doit, il peut legitimement en acquerir autant qu'il peut, & vivre en paix durant ſa vie dans leur poſſeſſion, laiſſant à l'opinion des Docteurs les plus raiſonnables de regler qu'elles bonnes œuvres il en doit faire, combien, en quel temps & en quoy, & en conſideration de qui, pour tâcher d'en reſoudre ceux qui ſe rendent grands Seigneurs pour les mettre en repos, & certainement ces mêmes grands Seigneurs doivent ſonger, & prier Dieu qu'il leur faſſe la grace d'en bien uſer.

Enfin vuidons encore une difficulté

té qui ſe peut rencontrer en celuy qui ayant de l'argent en bource quel qu'il ſoit, & qui le prête à un Marchand pour negocier, peut legitimement en prendre du profit ſans Vſure, & diſons. Vn homme a cent mil écus qui ne font rien, il les prête à un Marchand riche qui negocie : on dit là deſſus que pour empeſcher l'Vſure, il faut qu'il faſſe ſocieté avec ce Marchand, & coure peril & fortune avec luy : mais le Marchand ne le veut pas, & veut prendre cét argent pour en negocier, avec lequel il gagnera vingt pour cent, & celuy qui luy prêteroit les cent mil écus en gagneroit dix, partageant le profit, ce que ce Marchand ne veut pas.

On demande là deſſus, ne peut-on pas dire parlant de bons ſens, que le Marchand gagnant vingt mil écus avec ces cent mil, parce qu'il eſt riche, que ſon credit eſt bon, & qu'il fait bien ſes affaires, profite de quinze mil écus, & que le creancier n'en profite que de cinq, & partant que ce creancier merite le profit de cinq

cinq mil écus, puiſque ſon argent prêté en gaigne quinze mil pour le debiteur.

On dira, le creancier n'eſt pas aſſocié avec le Marchand, & qu'importe qu'il ſoit aſſocié ? ou bien, pourquoy ne dira-t-on pas qu'il eſt aſſocié pour cela.

On oppoſera, le creancier ne court pas peril & fortune avec le debiteur ?

Reſp. Non, mais n'eſt-ce pas aſſez que les cent mil écus du même creancier profitent au Marchand debiteur de quinze mil, pour ſubvenir à ſes perils & fortunes.

Ils oppoſeront:toûjours, eſt-il vray que ce creancier profite de cinq mil écus ſans rien faire ?

Reſp. Et pour cela le debiteur fait pour luy, & le doit vouloir, puis qu'il ne veut ſouffrir que le même creancier entre en focieté avec luy pour partager par moitié : & ſelon la maxime, celuy qui fait par autruy ſemble faire pour luy même, & partant

On peut conclure en bon ſens & ſans crainte de peché, que je puis donner

donner mon argent à un Marchand riche ſans rien faire, & en retirer du profit, puiſque mon argent profite entre ſes mains le triple autant qu'il m'en donne : je tire ce profit ſans rien faire, puiſque mon argent profite entre les mains de celuy à qui je le prête, qui fait pour luy & pour moy ; ſi bien que c'eſt une bonne ſocieté, avantageuſe pour le debiteur, puiſque de vingt mil écus de profit, le debiteur en a quinze & le creancier n'en a que cinq.

On dira encore ; le creancier ne riſque pas en ce cas de rien perdre.

Reſp. Il riſque ſi bien qu'il eſt en danger de tout perdre ſi le debiteur ne fait pas bien ſes affaires, comme il arrive ſouvent, & que cela eſt à craindre.

Confirmons cette verité particuliere par une generale ; poſons le cas que le negoce de Lyon eſt tout à fait perdu, parce qu'il n'y a point d'argent, & faiſons venir un Jacques Cœur (qu'on dit avoir trouvé la pierre philoſophale) lequel apporte huit millions d'or, dont il en prête cent mil

mil écus à chacun des quatre vingt Marchands qui negocient à Lyon pour rétablir le negoce : Jaques Cœur n'en peut-il pas retirer du profit à cinq pour cent ? pourquoy non. Il a rétably le negoce avec son argent, son argent donc est fructueux : & pourquoy est-ce qu'un particulier donnant cent mil écus à un Marchand pour negocier, ne participera pas à son negoce ? & c'est un abus de s'imaginer qu'il y a en cela de l'Vsure damnable & vicieuse en quel prêt que ce soit, si ce prêt n'opprime & ruine le debiteur à qui il est fait : car gaigner de l'argent avec son argent sans rien faire n'est pas Vsure, & moins l'est-il lorsque mon argent profite entre les mains du debiteur, parce que je travaille par ses mains, ou il travaille pour moy, & je le paye prenant du profit qui provient de mon argent les trois quarts, & je n'en retire qu'un.

Chapitre XIV.

Explication des paroles de S. Luc chap. 6. Benefacite & mutuum date nihil inde sperantes.

AYant achevé ce Traité des Vſures par le chapitre dernier, où nous croyons d'avoir aſſez ſatisfait à toutes les oppoſitions qu'apportent les Zelez en termes generaux contre les Vſures ; mais nous n'avions pas examiné ces paroles de S. Luc *chap. 6.* où Jesus-Christ dit, prêtez ſans rien attendre, ſur leſquelles paroles j'ay appris que quelques Sur-zelez ont dit à des Marchãds qu'il vaudroit mieux que tout le negoce de Lyon fût perdu que d'avoir donné ou prêté de l'argent à profit, ce que j'ay de la peine à me figurer ; car qui eſt ce ridicule Lettreferu qui oſeroit écrire de cette façon : diſons autrement, qu'il a dit, qu'il vaudroit mieux que tout

tout le negoce de Lyon fût perdu que d'y commettre l'Vsure, & cela est vray, si on souffre la distinction que j'ay toûjours donné dans ce traité des Vsures qui ruinent les debiteurs: Mais si l'on parle de l'argent qu'on donne à profit de la façon que nous avons enseigné cy-devant, ces Zelez se trompent par une deplorable tromperie, & s'ils avoient lû saint Thomas cy-dessus cité, où il dit que le Prince a permis de donner l'argent à profit pour éviter la ruine de plusieurs: il s'arreste aussi que cette ruine regarde le negoce, & partant que le Prince a permis de donner de l'argent à profit pour le conserver: que s'ils appellent Vsure toute sorte de prêts d'argent à profit, il les faut traiter comme Pedans & ignorans, ne sçachant pas que personne ne peut prêter de l'argent si ce prêt luy tourne à dommage.

Mais considerons ces paroles de Jesus-Christ, prêtez sans en rien esperer, & prenons garde qu'elles suivent d'autres paroles precedentes, par lesquelles Jesus-Christ conseille ſeillle l'eminente perfection de la charité, diſant ſi quelqu'un te donne un ſoufflet tourne ta joüe pour en recevoir un autre, ſi quelqu'un veut prendre ta robbe ne l'empêche pas, donne tout ce qu'on te demandera, & ſi quelqu'un dérobe ton bien, ne te met pas en peine pour le ravoir, aime ceux qui te haïſſent, cheris tes ennemis & leur fais du bien, prête leur ſans rien attendre d'eux, & te trouvant dans cette perfection la plus excellente de toutes les vertus, tu ſeras le fil du tres-haut parce qu'il eſt tres-bon, tres-doux, & tres-benin, ſi bien que par toutes ces paroles, JESUS-CHRIT ne parle que de la perfection d'une ame d'une eminente vertu, & je ſoûtiens qu'il ne parle pas icy de l'Vſure par ces paroles *mutuum date nihil inde ſperantes*, au contraire il veut que celuy qui a prêté n'attende point de recouvrer la ſomme prêtée : Et pourquoy ? c'eſt parce qu'il dit auparavant que celuy qui aura receu un ſoufflet ne ſe revangera pas, mais tournera ſa joüe pour en recevoir un autre : & celuy à à qui on aura prit la robbe ne la redemandera pas : & celuy à qui on aura pris du bien ne tâchera pas de le reprendre, qu'on fasse du bien à ses ennemis, & si on leur a prêté quelque chose qu'on ne tâche pas de la r'avoir, & ne parle point de profit. Jl dit *nihil inde sperantes*, ny argent, ny principal, ny manteau, ny robbe, faites ainsi & vous serez les enfans du Tres-haut & aprés soyez misericordieux comme vôtre pere est misericordieux, & n'y a pas en cela un mot d'Vsure, & si quelqu'un me consultoit là dessus, sçavoir si ayant prêté par charité dix mil écus à son ennemy ou à quelque indigent qui ne le peut ou qui ne le veut pas payer, qu'est-ce qu'il auroit à faire, mon amy luy répondrois-je, tu dois avoir prêté tes dix mil écus sans en esperer aucun remboursement, ainsi que JESUS-CHRIST dit en S. Luc chap. 6. Voilà au vray ce qu'on peut tirer du sens litteral des paroles de cét Apôtre.

Mais encore m'a-t-il semblé à propos de rapporter l'instruction que JESUS-

JESUS-CHRIST donne dans l'endroit de ce chapitre à ses Apôtres, pour leur apprendre la hauteur de la perfection chrétienne, & l'eminence de la charité de ceux qui la professent.

Les Apôtres ayant un jour de Sabbath cueilly des épics de blé, & les froissant entre leurs mains pour en manger le grain, les Phariſiens qui le virent s'en ſcandaliſerent : IESUS-CHRIST prit ſujet de cela pour parler ain à ſes Apôtres, vous ſerez bien-heureux, leur dit-il, mes amis lors que ces hommes concevront de la haine pour vous autres à cauſe de moy, vous vous en réjoüirez & vous en ſerez recompenſez dans le Ciel, les peres de ces gens-là ont ainſi traité leurs Prophetes, ils n'ont eſtimé que les richeſſes, la bonne chere & la rejoüiſſance des danſes & des muſiques, & malheur pour leurs ſemblables, mais je vous dis à vous autres que vous aymiez ceux qui vous haïront : ſi on vous donne un ſoufflet, vous tourniez la teſte pour en recevoir un autre, que ſi on vous oſte vôtre bien, vous ne travailliez

pas

pas à le recouvrer, que vous cheriſſiez vos ennemis, que vous leur faſſiez du bien, & leur prêtant quelque choſe vous n'en eſperiez rien, & ainſi vous temoignerez que vous eſtes les enfans du Tres-haut, vous ferez miſericorde comme vôtre Pere eſt miſericordieux. A quoy on peut dire eſt-il poſſible qu'un Chrétien puiſſe pratiquer les actes d'une ſi eminente vertu? Je répons pour aymer ceux qui nous haïſſent, & nos ennemis & leur faire du bien, je croy que cela ſe fait aſſez communement; mais pour recevoir deux ſoufflets, ne pas tâcher de r'avoir ſon bien, & prêter ſans eſperance de remboursement, cela eſt bien rare, & je l'eſtimerois quaſi impoſſible ſi je n'en avois veu l'experience.

Vn Docteur de Sorbone de Paris ſe trouvant au tour du clos des Chartreux, rencontra un Soldat des Gardes qui menoit une fille débauchée, il voulut l'en retirer par paroles, le pourſuivant toûjours, ce Soldat impatient luy donna un ſoufflet, le Docteur tourne le viſage, donne m'en un un autre, dit-il; ce Soldat fut si touché de cela qu'il abandonna la fille, se mit à genoux devant le Docteur, & enfin se rendit dans un Convent de Capucins.

Vn autre Docteur de Sorbõne possedant une Abbaye qui luy avoit été resignée, se trouva inquieté par le Resignant qui la vouloit ravoir, le Docteur sollicité de voir ses Juges pour la sollicitation de son procez, répondit, je ne verray personne, on fera ce qu'on voudra. Ces deux Docteurs ont été mes maîtres, j'en rapporte volontiers les vertus.

Vn Seigneur General des Suisses ayant prêté mil écus à un Capitaine qui en avoit besoin, ce Capitaine voulut que j'allasse avec luy chez son creancier, & vis que le debiteur luy presentant l'argent prêté, il luy répondit, Monsieur, l'argent que je prête ne revient jamais dans ma bource: Aussi croy-je, que lorsque Iesus-Christ recommande de prêter *nihil sperantes*, veut dire sans aucun remboursement: voyons comme ces Zelez expliqueront ce *nihil*.

Il eſt vray qu'un peu devant les dernieres paroles que j'ay rapportées, Jesus-Christ parle ainſi à ſes Apôtres, *peccatores peccatoribus fœnerantur ut recipiant æqualia*, qui ſignifie que les pecheurs prêtent à uſure, car c'eſt la ſignification du mot *fœnerari*; mais auſſi il adjoûte qu'ils prêtent à uſure, *ut recipiant æqualia*, c'eſt à dire pour recevoir autant qu'ils ont prêté: Mais pour vous autres (adjoûte-t-il) aymez vos ennemis, faites leur du bien & leur prêtez ſans en rien eſperer. Si bien qu'il apert par cette ſuitte de paroles *mutuum date*, prêtez ſans rien eſperer, que cela ſignifie que Jesus-Christ veut qu'on prête; mais qu'on n'eſpere point rien recevoir de la choſe prêtée, ny même la choſe prêtée, qui eſt une action d'une eminente perfection.

Ce que je dis neanmoins n'eſt pas que je veüille eſtre ſi temeraire de contrarier l'interpretation que les Docteurs donnent à ces paroles, pour enſeigner que Jesus-Christ ne defend pas les Vſures par icelles, & rapporte

porte seulement la suite, afin que nos Lettreferus ne s'emportent pas par la lecture de la sainte Escriture qu'ils n'entendent pas bien.

Car les paroles de JESUS-CHRIST n'estant dites que par conseil, & & pour mettre ceux à qui il les dit en un eminent degré de perfection, il faut revenir à ce que nous faisons selon les loix de la nature & dire, il est vray, Messieurs les Zelez, que JESUS-CHRIST defend icy l'Vsure; mais il ne commande pas de perdre son bien prêté, ny de recevoir un soufflet aprés l'autre, ny abandonner le bien qu'on nous doit rendre, & puisque vôtre zele vous porte à croire que ces paroles *mutuum date* sont des defenses, car vous les avez toûjours en la bouche parlant de ce sujet, j'advoüe que l'Vsure est icy defenduë par JESUS-CHRIST, & qu'elle est damnable si elle ruine par exactions violentes celuy à qui le prêt a été fait, soit d'argent monnoyé, de vases, de blé, de vin & autres choses prêtées, & ce prêt est illegitime, & ne peut estre soûtenu ny approu approuvé comme nous avons enſeigné cy-devant : neanmoins on ne voit pas, Dieu mercy, que ces damnables Vſures ſe pratiquent parmy les Negocians de cette belle ville de Lyon, que je connois en cela auſſi innocente & pure de peché, qu'on la voit belle & magnifique en ſes edifices, religieuſe en ſes aumones, noble & ſçavante en ſes habitans, & ſainte en ſes Maiſons Religieuſes.

FIN.

www.ingramcontent.com/pod-product-compliance
Ingram Content Group UK Ltd.
Pitfield, Milton Keynes, MK11 3LW, UK
UKHW021053260726
13994UKWH00002B/527